Arts Incoherents

Anonymous

CATALOGUE ILLUSTRÉ

DE L'EXPOSITION

DES

ARTS INCOHÉRENTS

PARIS

E. BERNARD ET Cie, IMPRIMEURS - ÉDITEURS

71, RUE LACONDAMINE, 71

1884

TABLE ALPHABÉTIQUE

LORIN (GEORGES)

UN EFFET DE LUNE

LA COMÈTE

Au clair de la lune,
Mon ami Pierrot,
Emmène sa brune,
Pour lui dire un mot.

∴

Pierrot infidèle
A fait mille tours,
Il calme sa belle
Dans un long discours.

∴

La brune, facile,
Veut bien s'apaiser
Et se fait docile;
Ci : premier baiser

∴

L'histoire se corse
On n'y voit plus rien,
Serait-ce un divorce?
Demandez au chien.

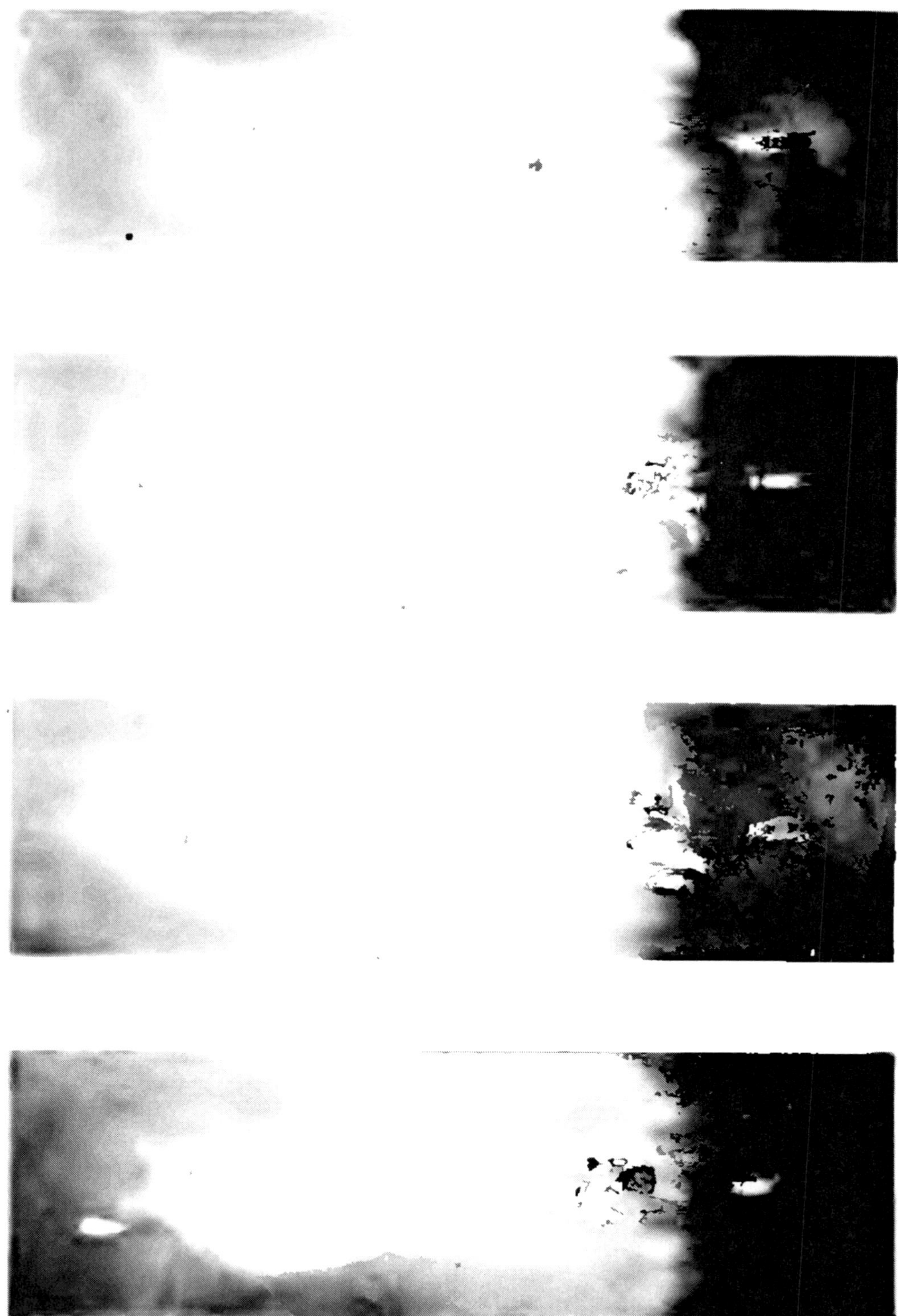

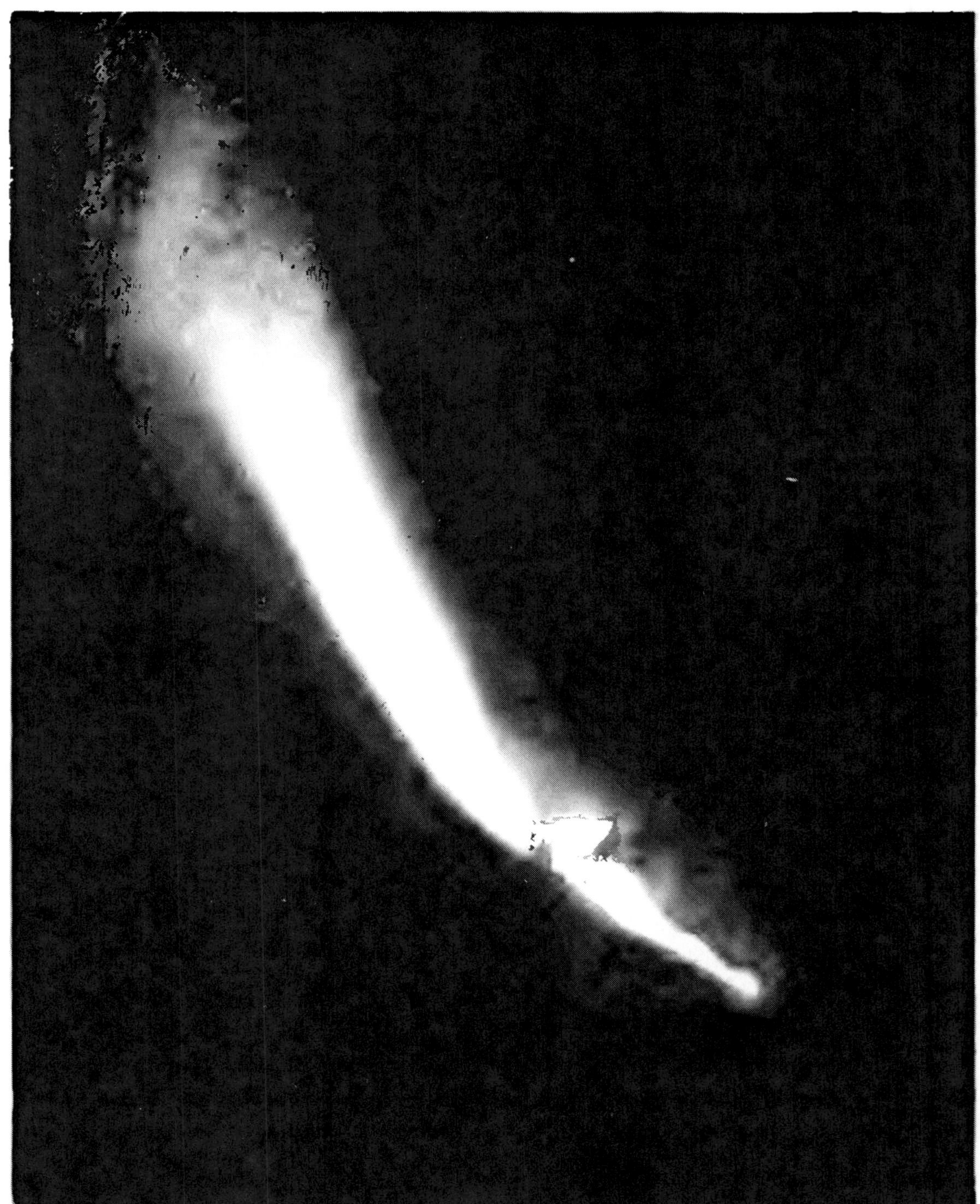

AVANT-PROPOS

Les deux critiques distingués, qui ont assumé la tâche difficile de formuler une opinion quelconque sur les œuvres d'art qui suivent, sont deux aveugles avérés, constatés et patentés.

Ils se défendent d'appartenir à une école quelconque et se moquent autant du dessin que de la couleur. Ils ne sont ni impressionnistes, ni essayistes, ni voyistes, ni intentionnistes, ni barbouillistes, ni quoique-ce-soitistes, et cependant, ils appartiennent à l'art par une de ses branches : ce sont des musiciens incohérents ; le premier possède sur la clarinette un talent énorme qui le fait expulser de toutes les cours par des concierges frénétiques. Il a tenu longtemps une classe de solfège pour marchands de robinets ; c'est à lui qu'on doit les virtuoses qui font l'honneur de cette corporation.

L'autre s'escrime sur l'accordéon avec plus d'ardeur que de succès. Trois caniches adultes qui lui ont servi de compagnons, sont devenus successivement fous mélancoliques à la fleur de l'âge. Il était impossible de trouver des gens plus autorisés, et nous sommes persuadés que leur début dans le métier de salonnier leur vaudra une place importante dans les publications spéciales. Les critiques d'art, les plus consacrés, s'y entendent comme des aveugles; si ces messieurs sont pris au sérieux, c'est qu'ils distillent une quintessence d'ennui mortifère.

L'ennui, voilà l'ennemi de l'incohérence, c'est la bête sauvage, l'animal atrabilaire qu'elle s'en va relancer, jusque dans les caves de monuments pompeux, coiffés de dômes qu'on voit se dresser à des extrémités de pont.

Les gens de bon sens, fiers de leur épaisse raison, ont poussé des cris de paon ; des artistes commerçants qui se sont fait une spécialité de l'art bassinant, sous le prétexte spécieux d'archéologie, de philosophie et d'autres balançoires en *ic,* ont beuglé comme des sourds, et le troupeau des moutons de Panurge, qui pâturent en plein art officiel, ont bêlé de concert.

Bon Dieu ! pourquoi tant de colères ; l'incohérence gêne-t-elle ces messieurs dans l'exercice de commerce. A-t-on vendu une bondieuserie de moins? Est-ce que les bonshommes coiffés de casques qu'on nomme des grecs ne seraient plus d'une défaite facile ?

Hélas, non, et les musées de province, nous le prouvent d'une façon désastreuse.

On s'est mépris avec une bonne foi charmante ; on a affecté de croire que les Incohérents se prenaient au sérieux et qu'ils voulaient élever autel contre autel. On a dit qu'ils étaient incapables d'autre chose que de mauvaises plaisanteries ; comme si parmi les incohérents ne se trouvaient pas des artistes véritables, dont les preuves ne sont plus à faire, et qui brillent au premier rang.

Lâchez nous le coude, bonnes gens ; peinturez sérieusement et n'empêchez pas l'incohérence de zigzaguer dans les chemins de fantaisie ; elle éborgnera la raison, tout à son aise, et si c'est drôle le public rira à ventre déboutonné.

Le public voilà le seul juge dont nous nous réclamions. Quand Jules Lévy lança cette idée mirifique, il n'avait à sa disposition qu'un local restreint, dans une maison tranquille. Les locataires paisibles du dit endroit, contemplèrent, avec un effarement qui ne se décrit pas, deux mille personnes s'étouffant le jour de l'ouverture, dans un escalier médiocrement large.

Le même Jules Lévy transporta, l'année suivante, les incohérents et leurs produits dans les salons de la galerie Vivienne ; là on s'étouffa derechef, et vingt mille entrées payantes, dont profitèrent les pauvres de Paris, accusèrent un succès triomphal que les plus optimistes n'osaient espérer.

Cette année, l'incohérence a trois ans ; c'est un bel âge ; elle brandit son oriflamme avec plus d'entrain que jamais ; les salons du passage Vivienne reverront la foule d'antan, et les plafonds trembleront sous l'écho des rires ; pourvu qu'ils n'éclatent pas.

Un dernier mot : les deux aveugles ont longtemps exercé sur le pont des Arts ; c'est le seul rapport qu'ils aient jamais eu avec l'Institut.

CATALOGUE

DE L'EXPOSITION

DES ARTS INCOHÉRENTS

ABRIAL (STHÉPHANIE), aqua-fortiste. — 6, rue Éblé.

1 — *Barbillon pris au pont de l'Alma.*

ALESSON (JEAN), nez apparent, élève de son fils. — Au bureau de la *Gazette des Femmes.*

2 — *Une veuve à son balcon, vue de son epicier*

ALLAIS (ALPHONSE), et puis après!!! né à Honfleur, à minuit pour le quart, élève des Maîtres du XXe siècle, 3, Place de la Sorbonne.

3 — *Récolte de la tomate, sur le bord de la mer Rouge par des Cardinaux apoplectiques*
(Effet d'aurore boréale).
Offert à S. S. Léon XIII, comme denier de saint Pierre.

3 — *Les grandes douleurs sont muettes — Marche funebre incoherente.*

E J. N. A. L'ART, n'est plus à naître, étant né il y a 20 ans, élève des Lapins. (Voir *l'Art de s'en faire 3.000 livres de rente*, habite à Paris, 58, rues — la nomenclature serait trop longue).

6 — *Tableau peint frais, (pas à l'huile)*

7 — *Le comble de la distraction chez un pompier. — Courir prévenir les pompes funèbres pour éteindre un incendie.*

8 — *Grande fête de nuit, bal champêtre. — Eclairage électrique etc*
Divertissement. — Jeux forains.

Un mauvais plaisant ayant coupé les fils conducteurs de l'électricité, la fête se trouve dans une obscurité complète

9 — *Une page du Bottin incohérent.*

ALLARD (Georges), cherche une place n'est pas fier, élève d'une de ses cousines (21 ans). — 58, rue Lafontaine, au second.

10 — *Comment on prend Son Tay, à la française.*
10 *bis.* — *Comment on prend son thé, à l'anglaise.*
10 *ter.* — *Pile et face*

AMBROISE (pas Thomas), (Jules), élève du professeur d'un autre que le sien, — rue Mazarine, 28.

11 — *L'Enfant prodigue* — Peinture à l'huile d'olive.

ANGRAND (Charles), peintre, né aux Batignolles, y demeure. — 45, Boulevard des Batignolles.

12 — *Paysage financier ; — fragment.*

ARTHUS (Albert-Louis, né GOCIAN), élève des ballons dirigeables, né au Rama (Pérou), A Paris. 81, rue Taitbout.

Exempt du jury d'admission — 1re cinquième médaille en 1881. — Peinture

13 — *La famille Lard,*
Le dieu Lard,
Le queux Lard,
Le fou Lard.
(Ecole païenne).

13 *bis.* — 2° *Vue de Cythère.*

(Appartient à l'École nationale de Guigoon)

13 *ter.* — *Portraits de famille.*

1° *La trompette de mon beau-père.*
2° *La bobine de ma belle-mère.*
3° *La balle de mon petit frère*
4° *La bille de ma petite sœur.*

13 *quater.* — *Recolte des pets de nonc chez les Carmélites.*

13 *quinter.* — *Ou la tête a passee, passera bien le corps.*

ASTRUC (....), peintre, né......... élève... rue...... ou boulevard....... ou avenue... ou quai........ ou place...... etc., etc.

14 — *Væ Victis.*

BACONNET (Charles-Arthur), né au centre de la France, mais n'a jamais pu y rester, perche en ce moment à Montmartre, — 21, rue Muller. — Élève de Pierre Corneille.

15 — *La neige tombe.*

BADUFLE (Isidore), caricaturiste, né léphant, élève de Pierre Corneille, demeure rue Monsieur-le-Prince, 22.

16 — *Un portrait en pied.*

BAHUET (Alfred), pédicure, né à Souloignon, (Auvergne), élève des cocotes sans basse-cour et de A. Jullien.

17 — *Mon portrait en pied et tout nu.*

Dédié à M A. Jullien

BARON (Paul), dessinateur, né coute que les bons conseils, n'élève pas d'objections, a braqué son objectif. — 1, rue du Louvre.

18 — *Un buste.*

BERTOL-GRAIVIL, journaliste, néviable, élève de Corot (pied). — 167, rue de Rome.

19 — *Peinture intentionniste.* — *Les quatre saisons; l'automne fait pressentir l'hiver, regretter l'ete et désirer le printemps.*

BÉZODIS (Georges), changeur, né jamais où on le cherche, élève de Pierre Corneille. Si vous voulez savoir son adresse vous n'avez qu'à lui écrire.

20 — *Crépuscule.*

BILHAUD (Paul), poète, auteur de *Gens qui rient* 1 vol. in-12. Barbré 3.50, né en riant, demeure rue des Rigolles pour le vulgaire, et 76, rue de Seine, pour les gens sérieux.

21 — *La fille aux oranges.*

Pour calmer la soif de ton cœur,
Pauvre fille, tu peux manger
Tous les fruits d'or de l'oranger,
Ça ne t'en rendra pas la fleur

22 — *La vie; — croquis philosophiques.*

22 *ter* — *L'art appliqué à l'industrie.*

22 *quater.* — *Monsieur, Madame et Bébé; — problème.*

BOGINO (Emile-Louis..... assez), sculpteur, né pas content de son sort, éléve de Mlle Yvonne, du théâtre du Palais-Royal. — 51, rue du Moulin-Vert.

23 — *La jeunesse n'a qu'un temps; — cire — plâtre — faïence — porcelaine).*

BOISSY (Adrien), homme de lettres, né dans le quartier du Gros-Caillou, élève de Pierre Corneille. — 16, rue des Poissonniers

24 — *Ma mie.*

25 — *Le Sacré-Cœur et le moulin de la Galette.*

26 — *Trois grands peintres.*
(Oh! oh!)
Note du jury.

27 — *Portrait flatté de M. Henri Mayence.*
(Eh! eh!)
Note du jury.

BOUNNEH'L, joueur, habite chez M. Kotek — 4, Place de la Sorbonne.

28 — *Cartes incohérentes.*

BONNEROUE (Ch.), inconnu, a du talent, arrivera, il demeure, 16, rue de Rivoli.

29 — *L'Idylle interrompue.*
« Voyons Totor! as-tu fini vilain sale! »

BOUDIN, né pas blanc, et pourtant pas de Nancy, préfère celui de table, même adresse que son ami.

30 — *Ça mord.*

BOURBIER (Paul), futur rentier. — 24, rue du Sentier, — élève de Jean Goujon, devait faire deux choses n'en a fait qu'une.

31 — *« J'viens d'trouver un émail, mon vieux!! »*

BOUTET (Henri), aqua-fortiste sans en avoir l'air, né à la campagne, élève des poules et des coqs, fait pondre. — 12, rue Troyon, à Sèvres.

32 — *Polichinelle; — pointe sèche.*

33 — *Calendrier 1885; — pointe sèche.*

34 — *Fantaisie incohérente; — suite de pointes sèches (croquis parisiens).*

35 — *Timbale de menus à la pointe sèche; — menus parisiens.*

BRIDET (Boquillon), caricaturiste, né à Paris, élève de sa tante, renonce à ses œuvres, mais pas à ses pompes. — 4, rue de Calais.

36 — *Mon bilan.*
Acquis par la Compagnie des Omnibus

37 — *L'encouragement porté à la dernière extrémité.*
Appartient à la famille Godillot

38 — *Porc trait par Van Dick.*
Appartient au marché de la Villette

CABRIOL, élève de Georges Lorin, né en l'air cirque cuit.

39 — *Un effet de lune (tétraptique).* (1)

CAPORAL, élève de Fourrier, caserne de la Pépinière.

40 — *Portrait de la belle Madame X..., ou t'entendez-vous s'que j'vous parle !*

CARAN-D'ACHE, né militaire, élève caporal.
Hors concours, membre du Jury. Auteur de l'*Essai de règlementation de la jugulaire dans les troupes de toutes armes*, au point de vue des exigences de la tactique moderne dans le but de développer la stratégie des fractions constituées en laissant toutefois l'initiative individuelle de la colonne en marche en temps de guerre. — 6, rue Aumont-Thiéville.

41 — *Peinture d'histoire.*

L'empereur Napoléon Ier haranguant le 47e de ligne, la veille de la bataille de Marengo : « Soldats ! », dit-il, et le colonel ému jusques aux larmes lui répond : « Oui, sire ! ».

42 — *Le même, par un temps de neige.*

CARAN-D'ACHE (Mlle Nelly), élève de son père.

43 — *La loge de M. Paulus (comme on voit que le grand artiste devait y être mal à son aise).*

CARRIER DE JONCREUIL (Raymond), né au Japon, le 21 mars 1855 (anniversaire du marronnier des Tuileries), élève de Li-Hong-Chang — 56, rue Nollet.

44 — *Le Rêve de la Liberté (opium).*

45 — *Le tambour de l'Etoile.*

Appartient à Mlle Léonnide Leblanc

---

(1) La collection de faux cils envoyée par M. Cabriol a été confisquée par la censure.

CHARLET (GEORGES), élève de Michel-Ange, né à Croupy (Bas-Rhin). Bonne exposition en 1883. (Voir le catalogue de l'an passé).

46 — *Remords de Caïn.*

CHIDUR (ça se prononce *ki*) ÉMILIANO-ROMÉO, élève le lapin à la hauteur d'un principe, né à Plâtre, canton Conspire.

48 — *Exposition des bebés.*

CHOUBRAC (ALFRED), peintre, né Rose, élève de Pierre Corneille. — 17, rue de la Reine-Henriette, à Colombes (Seine)

50 — *On dirait du veau!!!*

CHOUBRAC aîné, connu sous le nom de Hope.

51 — *Bacchus*

49 — *L'aveugle et le paralytique.*

COHL (ÉMILE), caricaturiste, né Patant, quand il se mouche. Demeure dans l'allée principale du Père-Lachaise, 3e tombeau à droite en entrant. Pour la forme se fait adresser ses lettres chargées ou non, 28, boulevard Richard-Lenoir (près la Bastille, 14 juillet 1789... Saluez!!!) Membre du jury.

52 — *La salle Graffard, (carton, d'après J. Béraud).*

« L'artiste a rendu avec un art véritable les types si connus d'anarchistes. A remarquer le cadre fait en bois des îles. (Iles des Pins, Nouméa, etc)

53 — *La Nuit de Noces du brave charbonnier. (Grande composition tragico-comique).*

54 — *Le pauvre pêcheur dans l'embarras. Grosse caisse de Basque, à l'usage d'un grand théâtre. Le poisson vient de chez Potin et la ligne a tiré plus d'un goujon* *à La Varenne, ce qui fait enrager Daubray qui ne prenait que des ablettes.*

A part ça et entre nous, tout ça n'est pas drôle pour 2 sous mais il faut dire aussi que Cohl a fait ses 28 jours et qu'on lui a coupé les cheveux; de rage, il laisse pousser sa barbe. Il enverra sa photographie à toutes les Dames qui en feront la demande, moyennant 0,50 c. au profit des petits chinois de la mère Moreau.

COQUELIN (CADET) de la Comédie Française, très rigolo !

54 bis. — *Sarah Bernhardt en robe blanche; — peinture sèche.*

COLONNA DE CÉSARI (RAOUL pour aucune — il est en disponibilité). Né à Paris, comme l'an passé, littérateur sentimental les lundis, mercredis et samedis, sceptique les mardis et jeudis, macabre le reste de la semaine. Toujours discret (qu'on se le dise), front ordinaire, nez ordinaire, bouche ordinaire, taille 1m,70, signe particulier n'a pas collaboré au *Figaro*. Désirerait emprunter de l'argent. — Envoyer mandat, 194, rue Lecourbe. Inutile d'affranchir.

55 — *Ballon digérable.*

56 — *Vue prise à l'Exposition des bébes.*

C'est pour ça qu'on en a empêché l'ouverture, c'est Sapeck qu'était pas content !!!

COURCHÉ, l'an dernier de Fiacre, cette année d'Omnibus. Né sur un siège (on ne dit pas lequel), élève de L. Loir. — Habite, 3, rue Béranger.

58 — *Faux trompe l'œil.*

DADA (U.-O.-U.), cavalier, né à Califourchon-en-Celle, élève des chevaux, à Chaillot.

59 — *Venus.*

60 — *Calendrier incoherent.*

61 — *Mam'zelle Pierrot (cire peinte).*

DEBELLY (Albert), né à Quil (Ain), élève... autrefois, maintenant professeur de langues vivantes à l'Ecole des sourds-muets, visible à son domicile, dimanches, jours de fête et ordinaires exceptés Leçons intimes.

N.-B. — Prenez garde au concierge, il a un chien

62 — *Sapho, peinture académique.*

63 — *En quarantaine !*

AVIS — MM. les voleurs sont prévenus que tous les bijoux qui ornent ce tableau nous ont été garantis parfaitement faux

DORÉ (Gustave). Dessin garanti authentique.

64. — *Je reviens de Pontoise (exposé par M. Dessolliers).*

DELACOURT (Frédéric), provincial, né loin de Paris, n'y a jamais habité, a un grand désir de connaître la capitale, espère tirer de ses envois la somme nécessaire à son voyage de Bray-sur-Somme à Paris.

65 — *Un bal chez les Batraciens.*

66 — *Une parade.*

DELBEY (Désiré), peintre, né à la campagne, près du Mont-des-Cats, élève des chevaux de bois. — 5, avenue Philippe-Auguste.

67 — *La récolte du tabac dans la campagne de Bruxelles, paysage en ronde bosse, d'après et en nature.*

DEMISETIER (André de), né pas content des affaires, élève la voix quand il se met en colère, demeure d'amour pour vous, rue Minecom, un bœuf, numéro sbeaff.

68 — *Petit grand tome de poche.*

DESCHAUMES (Edmond), sans profession, né Buleux, élève chronique.

69 — *La mer, à Fécamp, le 14 juillet.*

Acquis par M. P. Doroulède

DETOUCHE (Henri-Julien), dessinateur, né il y a 35 ans, à Paris, élève de Pierre Corneille. 39, rue de la Tour-d'Auvergne.

70 — *Nocturne.*
71 — *Une présentation.*
72 — *La Foi en Dieu seul soutient.*
73 — *Une rencontre le 15 octobre.*

DILLON (Henri), peintre, né aux Colonies, élève de Ribot le Blanc. — 84, Boulevard Rochechouart.

74 — *Fantaisie nébuleuse.*

DUPUIS (Félix), peintre. 31, Boulevard Berthier.

75 — *Débardeur infatigable, « qui m'aime, me suit.! »*

DUTHOIT (Paul-Cave), né Cadas, peintre, élève bien sa petite famille, plus réservé que réserviste. 28, rue Vavin.

76 — *La comtesse Morphine.*

« La morphine est parfois une morsure »
Lamartine.

EMERIC (Miss), élève de 29e année, née de père et mère iroquois. Sur le pont de Sèvres (S.-et-O.) à droite en montant en face d'un tas de neige.

77 — *Un éventail double face. — Jason au jardin des Esperides, (sur gaze et non sur gaz.)*

FOLOP (Jules). — 12, rue des Apennins.

79 — *M. Duruisseau, dentiste. (peinture à l'eau sur marrons qu'on fit.)*

GUILLON, a exposé en 1883.

80. — *Un wagon de fumeurs sous un tunnel.*

GALIPAUX (Félix), joue à la Renaissance. Né dans le vif argent en disant un monologue, élève de Regnier, a eu son premier prix dans les *Précieuses ridicules*. 165, rue Saint-Honoré.

81 — *Cordon sanitaire.*

82 — *Saint Siège.*

GANDARA (Antonio), peintre, né pas espagnol, élève les jambes pour monter ses six étages, va déménager, habitera au premier, fait le portrait sur commande, généralement la ressemblance est garantie.

83 — *Portrait d'un inconnu. (Peinture faite lundi dernier.)*

GILBAULT DE BREST, quoique noble n'épatant personne, élève quand il peut. — 3, rue Bertholet.

84 — *Portrait-charge du Dr Monin.*

GLUMDALELITCH (Marthe-Godin), exposante en 1883, élève de Pierre Corneille et de Swift. (Voir le catalogue de l'an passé). — 73, rue de Buffon.

85 — *D'après Darwin.*

Pour ceux qui ne comprendraient point : Adam et Ève.
Pour les autres : un singe et un lapin.

GODIN (Léontine), née incohérente, le sera toujours, élève une petite couleuvre. — Ne dira plus son adresse.

86 — *Une paire de fez.*

GOUERY* et GRAY (l'encadreur en est aussi). (Jacques) né à Paris, rue Notre-Dame-des-Champs, 117. Elève de Gray.

87 — *La tentation de saint Antoine. — Dessin de H. Gray. — Trucs de J.-H. Gouery.*

GRASSOU (Pierre), peintre, né à Tours, élève de Albin Valabrègue. — 9, rue Chomel

88 — *Quadrige. (Gouache à l'encre) — Projet de décoration pour la porte d'honneur d'un établissement d'utilité publique.*

GRAY (En rit), chevalier du grand cordon sanitaire, né droit, élève d'un tas de jolies parisiennes et de Pierre Corneille, hors concours, membre du Jury, déjà médaillé, commissionnaire, fait les courses à pied et à cheval — 16, rue Fontaine, de 10 heures à 10 heures 1/4 du matin, sonnez fort et dites votre nom, S V P?

M H Gray avait envoyé ses mémoires avec sa notice pour figurer au catalogue Le Jury soucieux de sauvegarder l'esprit de ses lecteurs a cru devoir retirer cette page qui sera publiée prochainement Voir le catalogue de l'an prochain (Note du Jury)

89 — *Pantalonade (d'après W. Buch), inspirée par les articles de M. A. Sylvestre.*

90 — *Marchande de pommes.*

Appartiendra un jour, je l'espère, au Musée du Louvre, en attendant, il est au dernier enchérisseur.

GRUEZ (Louis), peintre, né pas loin, élève de Ingres. — 26, rue des Belles-Feuilles, à Paris

92 — *La fête de Levallois ou d'ailleurs.*

GUEDON (A.), relieur, né fantaisiste, élève des maîtres de la reliure. — Rue Mazarine, 26.

93 — *Reliure Jumelle. (Vous pouvez y toucher !).*

GIEFFE, né au Fitte, dans l'Ardêche, élève des ballons rouges au gaz hydrogène.

94 — *La tortue et les deux canards,* d'après Lafontaine (Molière).

95 — *La messe de minuit à Vazil-Souar (Morbihan); — peinture hygienique a l'instar de Paris.*

« Cet effet de nuit, executé à la manière noire par un artiste obscur, renferme des morceaux d'une delicatesse intime qui ont pu faire suspecter les procedes employes par le peintre. Quelques personnages tels que M. Yves, le cocher et le vieillard afflige d'une fluxion qui est à sa gauche, semblent justifier cette opinion. Mais il suffit de jeter un regard sur la figure qui cherche l'âne pour voir que jamais la photographie n'a atteint cette intensite de vie, cette puissance de modelé et ce relief vigoureux qui fait sortir la figure du cadre.

96 — *Coup d'œil rétrospectif. — Comme quoy Messer Satanas sortant du Sabbat cerchoyt de l'œil une âme qu'il croyait avoir oubliée.*

N.-B. — La Maison se charge de la construction d'appareils pour la pose artificielle de l'œil naturel automobile. Conditions speciales pour familles et maisons d'education.

HABERT (Albert), peintre, né à Paris, élève de Pierre Corneille. — 64 *bis*, rue Dulong.

97 — *Saint Denis se rase.*

Tableau volé dans le trésor de la Basilique par un peintre sans scrupules qui s'était dejà fait remarquer en faisant le mouchoir.

98 — *La levrette en pal'tot.*

99 — *La Vérité.*

HENRIOT (E.), marchand de pâtes alimentaires, fait le vieux et le neuf, né pas assez incohérent, élève de Grenet-Dancourt. — 51, rue Denfert-Rochereau.

100 — *Les quatre vents.*

Les Vents representés par 4 haricots allégoriques lancent aux points cardinaux des expressions bien senties, mais propres. La Terre stupéfaite se bouche le nez.

HILAIRE (Georges), poëlier, né épaté, élève le coude pour boire. — 1, rue Pierre-Picard, en face le Sacré-Cœur, au premier au-dessus de 4 entresols.

101 — *Esprit de vin.*

102 — *Effet de crépuscule en pays montmartrois (saison d'octobre, le 2).*

HIRCH (Isidore), on n'est pas parfait! bijoutier et fantaisiste, né au Brésil, élève (bon). — 20, passage Jouffroy

103 — *Les diamants de la Couronne.*

On est prié de ne pas toucher aux objets exposés, mais il faut remarquer le REGENT.

HOSCHDÉ (Ernest, pour les dames), né à Paris, élève de Pierre Corneille. 34, rue Richer.

103 *bis.* — *A toi Francisque — La Seine à faire.*

HUOT (Madame), brodeuse, née pour faire une bonne mère de famille, gagne à toutes les loteries, collectionne les timbres-postes et élève bien ses enfants.

104 — *Fond de culotte. — Broderie en relief.*

C'est le fond qui manque le moins
La Fontaine.

IHLY, peintre indépendant et incohérent tout à la fois, né à Paris, élève d'un grand maître. 34, rue de la Glacière.

105 — *Le pître.*

106 — *L'homme mort de faim.*

JAGER (J.-J. Virgo), née grecque, élève l'amour à la hauteur d'un art incohérent et le contraire, adresse..... Jamais de la vie!!!

107 — *La grammaire française en exemple.*

108 — *Musique incohérente.*

JAPHET . . tout simplement, né... pas davantage, élève de .. on ne sait pas, demeure... plus loin.

109 — *Les pigeons de Vénus.*

Eventail 80 cent. de long sur 50 cent. de large.

JULLIEN (Alfred), membre du Jury H.-C., né à Charenton, d'où il s'est échappé, et la maladie augmente tous les jours. — Elève la voix quand il devrait se taire. — Pose des sonnettes et des sangsues aux dames seulement, va à domicile, (c'est vrai, vous savez) — 24, Lyon-Street. Fenêtres sur le jardin. Très jolie vue, en se haussant un peu on voit le Mont-d'Or et la Suisse. — Sonnez fort et dites votre nom?

110 — *Une victime du devoir.*

111 — *Paris-Rose.*

112 — *Le rire de madame Léo. G., célèbre incohérente.*

113 — *Portrait d'une dame qui en a gros sur le cœur?*

114 — *Souvenir de Dieppe, médaillon, peinture aquatique, destinée à la galerie de M. Z., cadre céramique pourvoyante.*

115 — *La scie des incohérents.*

116 — *Un vêtement complet pour le premier homme.*

117 — *Les blancs,*
Pour les Francs,
Vont de l'avant,
Offrir leurs plans.
(Les sujets ne valent pas le cadre.)

118 — *Peinture diurne et nocturne, sur émail phosphorescent, appliqué sur grès réfractaire. — Ruines de l'abbaye de Haut-Roc (province de Naples).*

« Celèbre par son histoire et sa construction hardie sur un roc très elevé, isolé de toute part et dominant les hautes futaies qui l'entourent. Dans ce roc sont creusées de vastes salles eclairées par des ouvertures dissimulées par les feuillages. Un pont jeté de la montagne voisine sur le ravin servait de communication; quand ce pont fut démoli, les ruines devinrent un repaire de brigands qui n'en furent délogés que par un siège fait par les carabiniers. »

KARLUTAIN, né à Charenton, y réside toujours, fait le portrait, le vieux, le neuf et les réparations.

119 — *Le gaz à vingt-cinq centimes le litre.*

Offert par la Compagnie du Gaz, au Conseil municipal pour la décoration du nouvel Hôtel-de-Ville

120 — *Le bois sacré cher aux Arts et aux Muses, et surtout aux menuisiers.*

Acquis par la maison du Vieux-Chêne

KLENK (Paul-Léon-Joseph), né à Bâle (Suisse), de parents français, élève de Lafoly et de Mme Brack. — A Passy, chez le docteur Blanche, et à Paris, 23, rue Montorgueil.

121 — *Portrait du pere Laumont. — Écran*
122 — *Le pas du Microbe. — Dessin sur parchemin.*
123 — *Le plus grand véhicule du choléra.*
124 — *A Sapeck, mort pour la rigolade.*

KOTEK (Emile), homme du monde, porte un lorgnon, dine à 6 heures 20 minutes. — Place de la Sorbonne, n° 4

125 — *Pour servir de frontispice à un livre récent.*
126 — *Portrait de M. A. de Chalon ou le decapite incohérent.*
127 — *Siège de Troie.*

LANGLOIS (Mlle Camille) — C de la Compagnie *Fratricide* H.E.C. Hachécé — Nee dans le joli mois de mai, (il pleuvait) ·

Du mois de mai qui la vit naître
Gardant un souvenir bien doux
Elle aime a voir de sa fenêtre
Pousser les roses et les choux.

Et surtout lorsque l'on bre flotte
Sur les grands bois mystérieux
Entendre — des pleurs dans les yeux
Entendre chanter la hulotte (1)

---

(1) La hulotte est la plus grande des chouettes (Buffon

Rêve encore contemplativement aux arts multicolores de l'autre monde, mais s'est occupée de quelques réalités. notamment d'une grande chose de 4 mètres de long sur 2 mètres de haut, en collaboration avec. ....

LANGLOIS (Henri), et SAINT-EDME, *Binus in unus*, fondateurs de la Société en commandite Hachécé. — H.E.C. — Nés, mais ne s'y habituent pas ; en mourront (pour les petits oiseaux) Elève des Ecoles d'art en formation et de quelques professeurs. Logent à une altitude élevée sur 17 mètres de balcon. (Il y a des fleurs). C'est haut, mais on y respire bien. On peut les trouver dans la rue Littré, principalement le lundi au n° 1 (C'est le jour de la blanchisseuse). — Le grand air a *élargi* leurs idées ; c'est pour ça qu'ils ont commis un vaste portrait, d'une vaste famille, sur toile de vaste dimension, voyez plutôt ce qui suit :

128 — *Percera !!! père sera !!! a percé en vertu de cet horoscope persan. (On voit M. F. de L.. montrant son dernier né à sa petite famille réunie, sans oublier l'instrument de ses rêves. — Grande famille de grands français, paternité et fraternité.*

129 — *La crémation et l'inhumation (Nature morte). Destinée à faire envisager d'une manière sérieuse et définitive les avantages de l'un sur l'autre de ces deux systèmes.*

130 — *Un poète en Bretagne. M. André A. est tellement impressionné par la vue d'un dolmen, qu'il ne peut plus s'en arracher. (Voyez la lande en fleurs) Ollendorff, éditeur). Quarante sous ou 2,55 avec dédicace de l'auteur.*

LANOS (Henri), peintre illustrateur, né ant des choses, élève du chaos , — 9, rue Notre-Dame-de-Lorette (Paris).

131 — *Eden-Theâtre. — Première représentation. — La cour d'Amour.*

Nous offrons au public la primeur d'un décor du nouveau ballet. Le texte du livret est l'*Obscurantisme* balayé par la *Lumière*. La brosse qui a frotté ce balai a indiqué avec soin le changement à vue

LE BÈGUE (René) auteur dramatique, né en pleine scène, élève des actrices. — A Neuilly.

132 — *A la gloire de Marquelet; — esquisse d'un plafond destiné à la salle de la Justice-de-Paix de la Mairie de Neuilly*

Offert par douze jurés de la Seine

LE BÉGUE (H.), frère du précédent, même état-civil, même adresse.

133 — *Paille foin; — Leçons de choses à l'usage des troupiers.*

LE COPAIN CHARPENTIER, retiré des affaires, né fort mieux, élève ses vues. — Rue quand on le chatouille.

134 — *Le rêve des peintres ou le cimaise pour tous.*

135 — *Aquarelles.*

1° Moïse arrivant sur le Sinaï
2° Joseph vendu par ses frères.

136 — *Expérience sur la direction des ballons. — Enfoncé Renard !!!*

LEMOINE (Achille), n'a pas envoyé de légende.

136 *bis.* — *Marmitte.*

(Hein !!!) Note du jury.

LERISEL (Augustine) née à Séc, élève de Boulanger. — 5, rue Planchat, Paris.

137 — *L'affamé, — sculpture en mie de pain avec cadre en croûte (ne pas confondre avec celles du Salon)*

Dédié à Mlle Louise Michel.

LEROY (CHARLES), dit RAMOLLOT, né au Camp de Châlons, élève de Camp-Robert, a demeuré rue Camp-agne première, et reste actuellement boulevard Barbès, 23, a publié des livres, dont le retentissement n'a pas besoin d'être remis en mémoire. Achetez-les ; vous les trouverez à la librairie Marpon et Flammarion, galerie de l'Odéon, qu'on se le dise !!!

138 — *God save the couenne ; — terre cuite*

LERTAUBEM (LUPA), artiste, né au Phyte en 1851, élève de Pierre Corneille. — demeure, 1, rue Notre-Dame-des-Champs.

140 — *Adaptation pour tabatière, (queue de rat).*

LÉO (PAULD), droguiste, né Gustateur. — 62, rue Monge.

141 — *Nez cohérents.*

LIVET (GUILLAUME), figariste, né haut placé, élève de Parisis. — 73, rue du Rocher,

142 — *Malheur aux vaincus.*

LORIN (GEORGES), élève de Cabriol, né nais dans la gorge d'Apremont, hauteur de Paris Rose. (Ollendorff, éditeur). — Place d'Etoiles, n° 0

143 — *La comète.*

LOYS (P.), comptable, 2, rue du Jour, où il est né, élève d'un grand sculpteur américain, au rez-de-chaussée.

144 — *Le comble de la réclame, — terre cuite en pot à tabac.*

145 — *Le pschutteur (on dirait du veau) ; — en plâtre à vendre.*

MAC-ARONY. Marchand de chapeaux, né au vent, élève studieux, a obtenu une médaille en zing galvanisé, au concours des animaux gras.

146 — *Un chapeau de pâtes d'Italie.*

MAC-NAB, et c'est tout.

147 — *La corvée de quartier.*
(Soulevez le couvercle, s.v p.!)

MARANDET (AMÉDÉE pour les dames de 20 à 30 ans), élève de Rachel, né à Xentué. (Département des Hautes-Narines), membre de toutes les Académies et Sociétés savantes de l'avenir. — rue Saint-Antoine, 114, de minuit à 6 heures du matin. (Signe particulier,) n'a pas encore sa statue.

148 — *Renvois d'un pris de rhum, dessin anti-cholérique fait avec les produits Marandet. — Envois en province.*

149 — *Portrait en pied d'un sociétaire du Théâtre-Français (fragment), aquarelle à l'eau de Seltz.*

NOTE — La décoration est de grandeur naturelle.

MARCOTTE (ALBERT) peintre, né à Paris, quoique venu à terme en ayant déjà trois dans le ventre.. Vous le trouverez toujours chez lui (sauf les cas d'absence), — 3 bis, rue des Beaux-Arts. (France), élève de Pierre Corneille.

150 — *Impressionisme.*

151 — *Jeux d'enfants.*

152 — *Le clown Bibb. — Dessin rehaussé de blanc.*

MARIANI (BERTHE), rieuse, âge incertain, née dans le royaume des fous, élève des grands maîtres, parle, boit et mange comme tout le monde, la seule chose qu'elle ne sache pas faire, c'est la peinture.

Ce qui explique l'incohérence du tableau présenté par elle. Quant à son adresse?

Vous en avez assez pour vous passer de la sienne.

153 — *Quand je suis sur la corde raide,*

Il me faut bien montrer, c'est clair.

(Princesse de Trébizonde).

MATRAT (Emmanuel), de l'Odéon, né pour jouer la comédie, élève les rôles qui lui sont confiés. — 17, rue de la Banque.

154 — *Peinture d'histoire. — Henri IV à la bataille d'Ivry.*

MAURY (Rose), peintre née à Avignonet, (Haute-Garonne), a exposé en 1883, exposera en 1884. — rue de Seine, 53.

155 — *Les Saisons. — Panneau décoratif ne pouvant etre exposé à l'exposition des Arts dito.*

156 — *Quatre tambourins sur peluche bleue.*

MAYENCE (Henri), fabricant de jambons, né à Montmartre, y demeure, y restera toute sa vie, c'est bien-fait ! aussi pourquoi a-t-il fait?

157 — *La clef des songes????*

MAYGRIER (Raymond), magnétiseur, somnambule, fait tout ce qui concerne cet état, né-extra lucide, élève les mains pour lancer le fluide, — 4, rue de Vaugirard, membre supplémentaire du jury.

159 — *Utopie. — Avec le portrait de l'auteur. (côté droit du cadre), et celui de l'encadreur, (côté gauche).*

MÉRUNI (Émile), Fait les aveugles sur les ponts, joue la clarinette et le piquet à quatre, né en Suède, par 30 degrés au dessous de zéro, a conservé un tempérament froid ne va pas à 20 degrés au dessus de zéro, malgré cela est élève de Kotek, et demeure, 49, rue du Cardinal-Lemoine.

161 — *Le spectre de Banquo.*

MESPLÉS (Eugène), ne vend rien, n'est pas content de son sort, élève (pas). — 39, rue de Laval.

162 — *L'honnête femme.*

163 — *L'autre.*

MONIN (Ernest), né à Quilin, (Bouche-Moyenne), élève la médecine à la hauteur d'un principe. Lauréat médiocritas

164 — *Le lapin aérostatique.*

MOYNET (Georges), littérateur, dessinateur et observateur, né pour faire rire les gens graves, élève de Paul de Kock et de Ponson du Terrail demeure, 3, rue Clotaire au premier au dessus de l'entresol (Remarque.) Il est très-bien avec son propriétaire.

165 — *Pauvre ver de terre amoureux d'une étoile.*

Toile de 1,90 cent. sur 0,10 cent. de large, cadre compris.

N. NAIR, marchand de cheveux, voir son catalogue pour le reste.

166 — *La nymphe qui pleure parce qu'elle a perdu sa tante.*

NATHAN (Charles), orfèvre-joaillier-sculpteur. Ses ancêtres portaient l'épée, lui porte saint Denis, 22, Boulevard Dito, fait tout ce qui concerne son état

167 — *Le centième ac.. de la Dame aux Camélias.*

Madame Sarah Bernhardt très fatiguée par l'ardeur qu'elle a déployé dans les quatre premiers actes est obligée de s'aliter pour jouer le dernier, car elle veut jouer *quand même* !

NIVET (Raphael), Provençal né en moins élève l'âme, la voix et la sangsue en caoutchouc, 100, rue Barbe.

168 — *Le crâne de Richelieu à 15 ans, 4.95. — Le même après sa mort, 1000,50. (Ce sont les deux seuls garantis authentiques)*

NORÈS (Edouard) fumiste né énorme, élève de Cohl. (Elle est forte celle-là !), — 61, Boulevard Beaumarchais.

169 — *Section d'architecture — Projet de construction démocratique enlevant aux étages supérieurs (petits logements et mansardes), l'inconvénient de se trouver à ces hauteurs exagérées.*

« Le socialisme sera pratique ou il ne sera pas ».

OLIVIER (Pierre ou Paul) neveu de ministre né dans le Midi, élève de Thomas Corneille

170 — *Une vieille compresse.*

PAQUEAU (Gaston) peintre né violacé élève des piles de soucoupes au coucou, — demeure au quartier Latin. — 25, rue de Vaugirard.

171 — *Les moucherons, où la Vierge aux bocks.*

Pastiche de Murillo

172 — *Les illusions.*

173 — *Chien de temps.*

PAUL (Madame) exposante, — 62, rue Monge.

174 — *Antoine.*

175 — *Cléopâtre.*

PAUL (Monsieur) mari de l'exposante, — 62, rue Monge.

176 — *Choeur d'emballes.*

PÉRINET (Louis), blaguiste, né Césaire (Oise), élève de Leclerc, — 176, rue du Temple.

177 — *Perdus !*

PERROUX (Jules) dit Max Dhor né vropathe, élève du commandeur Raymond, témoin assermenté pour duels. — Paris et Poitiers.

178 — *Le Châtiment de la luxure.*

PILLE (Henri) peintre né.... élève de ... — demeure 35, Boulevard Rochechouart.

179 — *Le Roi Dagobert.*

PIPPI (Ernesto) ancien cholérique, né en Italie, élève de Michel Ange. — Habite sur le Pô.

180 — *Prière à 5 Louis et à Vénus.*

Les courtisanes grecques avaient l'habitude quand elles étaient dans la purée, d'offrir à saint Louis et à Vénus des lapins blancs, dont elles faisaient une gibelotte le soir même. Cette coutume un peu modifiée se pratique pourtant encore de nos jours.

(Plutarque)

RAINAUD (Jules), exposant en 1883; né petit-élève... une nombreuse famille. — 10, place de l'Abreuvoir, Marly-le-Roy. (Seine-et-Oise).

181 — *En grandes manoeuvres : « La 42e division du 21e corps dissimulée derrière un pli de terrain se prépare à prendre l'offensive un peu en arrière sur la crête, masquées par des taillis. 3 batteries du 40e d'artillerie se disposent à appuyer le mouvement. Le général en chef reçoit les félicitations de l'état-major étranger à 600 mètres en dehors du cadre de l'action »*

RENAUDIN (Victor) né à Montmartre (encore !!!) — 60, rue Myrrha, élève des poids et vend de la pommade pour les cors aux pieds.

182 — *En route pour Paris.*

RÉVY (Charles), jeune homme à marier, né au vent, élève de seconde. — 49, rue du cardinal Lemoine

183 — *Le troupeau en danger.*

RIOL (pas de prénoms), n'est pas fâché que tout cela finisse, élève de Chose, demeure toujours dans les mêmes intentions avec le public, 5, rue Béranger.

184 — *Entrevue d'Arlequin (Ch.) et de François Ier, après la bataille de Pavie.*

RUEF (Georges). Homme de la Renaissance, né Malin, élève de M. L. Ricquier. — 10 *bis*, rue Geoffroy-Marie.

185 — *Vieille fumisterie.*

SAGE (Georges). Descendant des sages de la Grèce, n'a pas continué la même profession. Peintre célibataire, élève ses enfants dans la voie de ses pères. — 3, rue Jean-Robert.

186 — *Nature complètement morte.*

187 — *Une grande journée de bonne heure. — Effet de soleil levant, tableau de genre, cherchez les sujets dans le brouillard.*

SANDIX (Cadédis). Marchand de peaux de lapins, les élève chez un de ses amis, qui se nomme M. Berton.

188 — *Idylle.*

SARGUES (Léon). Né à Montmartre, près du moulin de la Galette, un premier janvier (on ne sait plus lequel), élève d'un peintre incohérent, mais incompris, et d'une grenouille qui lui rappelle une personne qui lui fut chère.

189 — *Idylle en trois parties, ou effet tragique de l'amour sur un jeune homme incandescent.*

190 — *Découverte désagréable. (Oh ! Oh !)*

Note du Jury.

191 — *Nocturne. (Ah ! Ah !)*

Note du Jury

192 — *Nocturne. (Eh ! Eh !)*

Note du Jury.

SELRACH (Charles), fils de ses œuvres, est arrivé sans maître, né à Carentan (Manche). — 1, boulevard Beamarchais.

193 — *Ouverture de la chasse à Maisons-Alfort.*

L'artiste est tellement myope, qu'il lui faut le bras d'un ami pour traverser le Boulevard. Invité à une partie de chasse, il n'y a participé que pour pouvoir rapporter et dépeindre ses impressions.

194 — *Ma première culotte.*

Nous ne félicitons pas l'auteur de la façon dont il s'habillait dans sa jeunesse.

SIMON (Albert), chaudronnier, élève de son père, né nulle part.

195 — *Guerre de l'Empire. — La vieille garde x*

SINUS Franbk),
né à........
profession.......
élève de......
Une enquête est ouverte,
La justice informe.

196 — *Vue prise au dessus de l'entresol.*

N.-B. — Il y avait un rassemblement, mais c'est trop difficile à peindre. D'après le gardien de la paix le cocher était dans son droit.

P.-S. — Je voulais faire quelque chose de plus rigolo, mais je n'ai pas eu le temps.

SOLIN (Jules), appelé aussi le *Canard*, monologue de G. Moynet, prix : 1 fr. 50. P. Ollendorff, éditeur. Fabricant d'horreurs, né Fortifié, élève de son père. — 26, rue du Petit-Musc.

197 — *Photographie instantanée (nouveau procédé pas encore brévété).*

SONAL (Marc), né pauvre et suffisamment honnête. Gazetier de son triste état

198 — *Place aux jeunes ! — Satire spirituelle sans méchanceté.*

N.-B. — Ne pas chercher dans Vapereau

TALUET, peintre, a exposé en 1883 ; et à même eu un succès, 23, avenue du Maine.

199 — *La cigale.*

THOMAS (F), élégant..... , écrire pour donner son adresse et d'autres renseignements.

200 — *L'o e contre l'iivresse.*

TELLIER (Ritel), ancien incohérent. — 52, rue de Madame.

201 — *La guerre au Tonkin.*

VICTOR .. né pas venu apporter son tableau lui-même, nous n'avons aucun renseignement sur sa personne.

202 — *A l'Ambassade (Eh ! Eh !)*

Note du Jury.

VIVIEN (Paul), ancien forçat des îles de la Sénégambie, né orné d'un lorgnon, élève de son frère, qui est docteur. — 19, rue des Moines.

203 — *Le nouveau roi d'Araucanie (inamovible).*

WALLE (Madame) .., 62, rue du Chemin-Vert.

204 — *Un crocodille.*

WALLE (Monsieur), mari de la précédente, même adresse.

205 — *Le char du divorce.*

WARENHORST (Georges), né à Paris, élève d'un autre qui ne l'était pas. — 15, rue Monge.

205 *bis* — *Le chemin de fer du Righi. — (Etude d'apres nature, en relief).*

YVES (Raymond), licencié en droit, élève de Charlet, né gros burlesque.

206 — *Le dernier sou.*

YVONNE (*dito*), née y a pas longtemps, élève de M. Talbot, Fr. Coppée et Carolus Durau, a eu une voix à l'election du Jury, ne peut donner son adresse, est en train de déménager et devant pendre une crémaillière a peur de recevoir trop de demandes d'invitation, toutefois, pour la soupe et le bœuf, s'adresser au théâtre du Palais-Royal (ne quitte pas le Train de Plaisir.

207 — *Nature cuite.*

208 — *Le déjeuner de Mme Gros-Minet.*

SUPPLÉMENT

AU

CATALOGUE

BLAIS (prononcez Blais), Maurice (même prononciation). Pour les commandes, écrivez, 63, rue du Cardinal-Lemoine.

209 — *Quand on s'aime.*

CHALY DE MONTEZ VIDEZ EAU (Auvergne).

210 — *La question du pain, en grec, pain se dit A-Tou*

DEPRÉ (A.), artiste savetier.

211 — *Les cendres de Pompée.*

« O vous, à ma douleur, objet terrible et tendre,
Eternel entretien de haine et de pitié,
Reste du grand Pompée.....

Corneille (acte V, scène XXXIX)

MESLANS (Maurice) et BILHAUD (Jacques), amis Siamois.

212 — *Histoire de Tobie.*

NOGREB, jeune homme né à Terme (France) — 40, boulevard Haussmann.

213 — *Fractions d'agents de change*

PASSARAH-BERNARD, mais pourrait l'être, musicien de talent, elève la main quand il dirige son orchestre. Habite pas bien loin, n'a pas été voir Macbeth parce que Sarah ne lui a pas donné de billet.

214 — *Ma bouffarde, scu'pture sur pipe.*

SPIK (A.).— 109, boulevard Bineau (Neuilly).

215 — *Projet d'hôtel, au vingtième siècle, après la solution de la direction des ballons.*
Style rajeur pour faire rager l'Institut.

216 — *Un coin de page agréable à étudier (aquarelle).*

GREUZE.

217 — *Portrait de Mme la marquise de la Croix de Berny.*

« Célèbre amie du chevalier X***, par J.-B Greuze, œuvre irrécusablement authentique, se recommande seulement aux personnes affligées de la quadruple vue, la transparence des empâtements et la translucidité du coloris, en font un chef-d'œuvre capital, le velouté du regard est une merveille. »

(Exposé par M. Simonet).

LE PETIT (Alfred), caricaturiste, à Clichy-Levallois et au *Grelot.*

218 — *Parapluie pour spect cle.*
218 *bis* — *Hyacinthe.*
218 *ter.* — *Théré a*
218 *quater.* — *Rochefort.*

D'ODÉ (fabricant de cornemuses, la maison n'est pas au coin de la rue Favart).

219 — *Sapho.*

FALÉRO (peintre). — 15, impasse Hélène.

220 — *Hamlet apercevant Ophélie, l'ange de ses rêves, Morte!*

PARIS (Lebeau) peintre. — 100, rue du Cherche-Midi, élève à 14 heures

221 — *Beau, mais triste.*

UZÈS, caricaturiste. — A Asnières, 23, rue du Château.

221 — *Mon domestique.*

BRUYER, sculpteur, aux Bruyères, élève de La Bruyère, né Bruyant.

223 — *Le Printemps; sculpture.*

224 — *L'Automne; sculpture.*

ARTHUS. — (Voir au commencement).

225 — *En wagon*

226 — *Les ballons dirigeables.*

HADAMARD (Auguste), peintre. — (Voir le *Livret du Salon*, pour sa légende).

227 — *Tambour de Masque.*

RI KI KI (peintre très sérieux) ne veut pas donner son adresse, parce qu'il est très maladroit.

228 — *L'ex-sultane validée.*

DE STA — Peintre militaire, décoré de tous les ordres et n'a pas envie d'y entrer. A fait des choses charmantes et demeure 58, rue de la Rochefoucauld.

229 — *Le derniers des Carabiniers.*

TARRIDE (A), vend de l'andrinople, critique les cafés-concerts et expose son opinion.

230 — *Le Paulisnnelle.* — *(La joie des parents).*

TONIM (Ano) et ça suffit.

231 — *Une trompette sous un crabe; projet d'illustration pour* les Misérables *de Victor Hugo.*

MITOUFLET, journaliste.

232 — *Une bouche d'égout et des couleurs, on ne discute point.*

LARREY DES JARDINS, de la *Chronique parisienne.*

233 —
Et c'est dans la nuit brune
Sur un clocher jauni
La lune
Comme un poing sur un nid

En collaboration.

234 — *En revenant de Suresnes.*

A. G. LAFLAIME, éditeur, galerie d'Orléans 1, 3, 5, 7 et 11, Palais-Royal, Paris.

235 — *Prenez garde à vos yeux!!!*
Par FRANCIS SARCELLES.

Un fort volume grand in-18, avec figures dans le texte. Application, pratique des « sages conseils donnés par un myope (Francisque Sarcey), à ses confrères » dans son volume intitulé:

Gare à vos yeux!!!

La mère en permettra la lecture à sa fille.

EXPOSITION

D'une Tenture chinoise de la maison BING, 19, rue Chauchat.

Des Tapis de Mlle RADEGONDE BLANCHARD, de Magnac-Laval (Haute-Vienne), et

Des Armes de la maison de LA PLUME ÉLECTRIQUE de la galerie d'Orléans (Palais-Royal).

Remerciements à la PRESSE PARISIENNE *et à la* PRESSE DE PROVINCE *pour l'appui donné à l'Exposition des* ARTS INCOHÉRENTS.

J. LÉVY.

HENRI DILLON

CARTE DES EXPOSANTS (1884)

HENRI PILLE

LE ROI DAGOBERT

Le bon roi Dagobert
A mis sa culotte à l'envers.
Le grand saint Éloi
Lui dit : N... de D...
Vous n'pouvez donc pas vous culotter mieux.

Le monarque reprend :

C'est que je suis incohérent.

Carrier de Jonqueuil

LE RÊVE DE LA LIBERTÉ

Au retour d'une réunion publique, Mme Hubertine Auclerc vexée s'écrie : L'monde, j'massois d'sus.

Elle se met à l'aise, allume son calumet d'opium et roupille, telle une commission d'initiative.

Elle voit, dans son rêve, la colombe-suffrage qui lui apparaît, le rameau de paix à la main, en lui offrant la candidature universelle.

Qui est-ce qui fait son nez?

C'est l'article IX.

— *Have you understood?*

— Ya men heer.

— Tant mieux.

LE RÊVE
DE LA
LIBERTÉ
OPIUM!..
SUFFRAGE
UNIVERSEL
ART. 9

BERTHE MARIANI

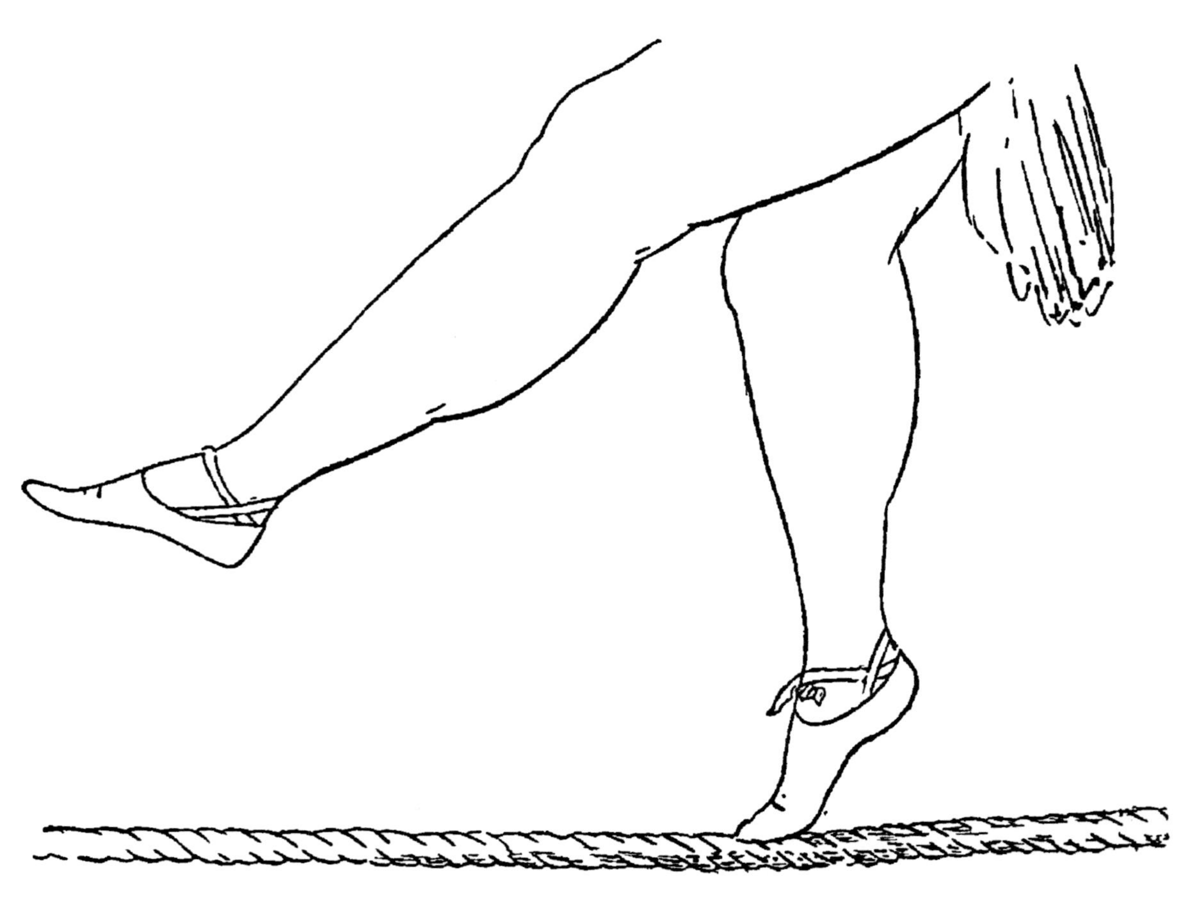

Quand je suis sur la corde raide.
Il me faut bien montrer, c'est clair.

(Souvenir de la princesse de Trébizonde).

LES DEUX FEZ

PORTRAITS DE DEUX COUSINS DU MADHI, A C' QU'ON M'A DIT.

L'un se nomme Fez-Mathieu, et l'autre Jean-Fez.

Les deux fez la paire.

Fez-ant une noce à tout rompre, ruinés, ils n'ont plus qu'un pantalon pour deux, q'ils appellent le temple des fez.

H. GRAY

LA MARCHANDE DE POMMES

Ohé la marchande de pommes, est-ce qu'on peut choisir dans le **TAS ?**

POLIICCHINELLE

Pan! pan!

Qu'est-ce qu'est là?

C'est le portrait frappant de ressemblance du futur président d'un conseil de ministres, en France ou ailleurs.

G. PAQUEAU

Moucherons

Que faites-vous là, p'tits crétins?
S'écriait mamz'elle Rose.
A me r'luquer comme des s'rins?
Allez donc vous faire..... chose!
Vous n'avez plus un picaillon.
La faridondaine, la faridondon.
Courez vous fair' moucher petits,
Biribi
A la façon de Barbari
mes amis!

Moucherons

BEZODIS

Crépuscule

Que faites-vous ici?

Je cherche fortune,
Avec mon chat noir,
Au clair de la lune,
A Montmartre.
Je cherche fortune,
Avec mon chat noir,
Au clair de la lune,
A Montmartre,
Le soir.

(**D'un autre**

CREPVSCVLE

HILAIRE

S... PRIS DE VIN

Spécimen d'un alphabet rutilant d'intelligence — et sous presse — destiné à éducationner les cruches nouvelles.

Cet alphabet dont le besoin se faisait peu sentir a été approuvé par Monseigneur l'archevêque de Tours — pour embêter Mame et surtout la Compagnie.

Ci-dessous quelques exemples.

A — tu du tabac.
B — nissons à jamais le Seigneur et cætera.
C — r'vez à l'as.
D — fiez-vous du *Constitutionnel.*
E — margez le plus possible
F — outez-moi donc la paix.

Et plus loin.

M — les femmes et ton prochain (*Bossuet*)
N — est rien mouche !!
O — pital.
Q — de jatte.
Éclos **P**.

Se trouvera un jour ou l'autre
chez Bernard, 71, rue Lacondamine
de 10 à 11. — SONNEZ FORT

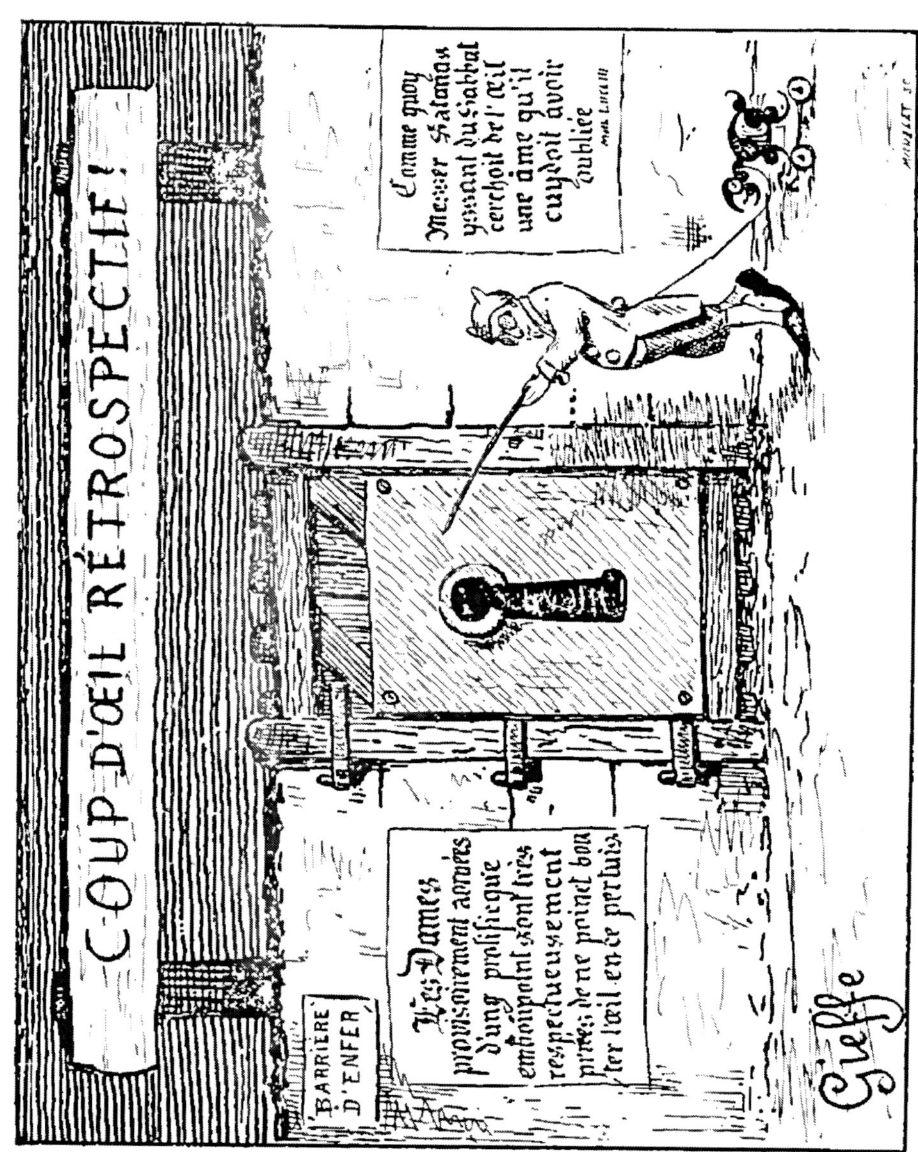

L'AME QUE CHERCHAIT SATAN

Lanterne magique... pièce curieuse à voir.
(BELMONTET).

Chef-d'œuvre de philosophie, de phrénologie, d'archéologie, de cartomancie, de pathologie, de serrurerie, de lunetterie, de miroiterie, de cartonnerie et de gâtologie.

C'est l'espoir du printemps
C'est l'amour de son père
Enfants n'y touchez pas (*bis*)

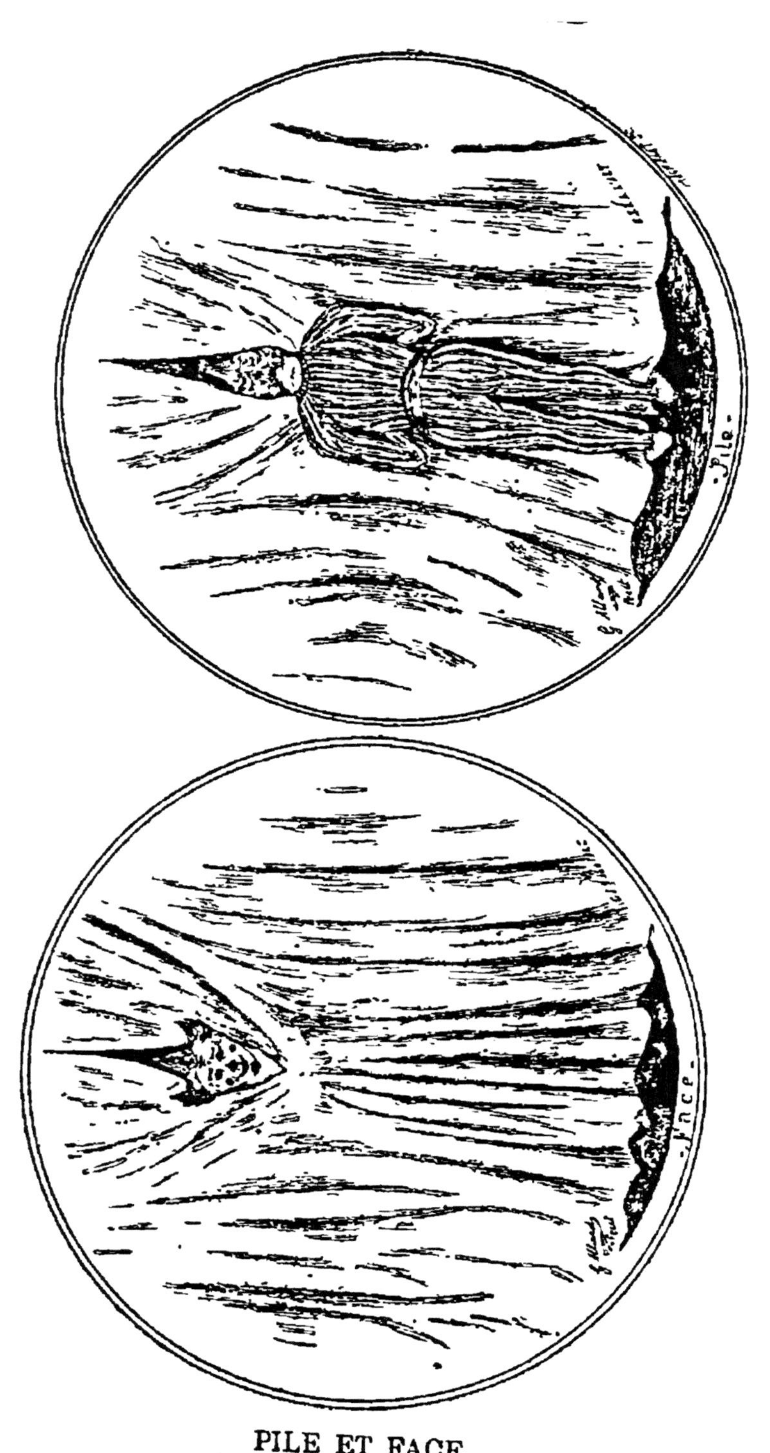

PILE ET FACE

BRIDET

ESSAI DE PEINTURE MOUVEMENTISTE

L'artiste avait reçu la commande d'un portrait d'agent de change, mais au moment de l'exécuter, son client leva le pied.

C'est ce mouvement qui a été saisi par le maître avec une habileté surprenante.

La famille vient d'acheter cette œuvre remarquable, afin d'embêter les créanciers, car lorsqu'ils se présenteront pour voir leur débiteur, on leur répondra :

Vous voulez ***l'épier ?***

Désolé, nous n'en avons qu'un.

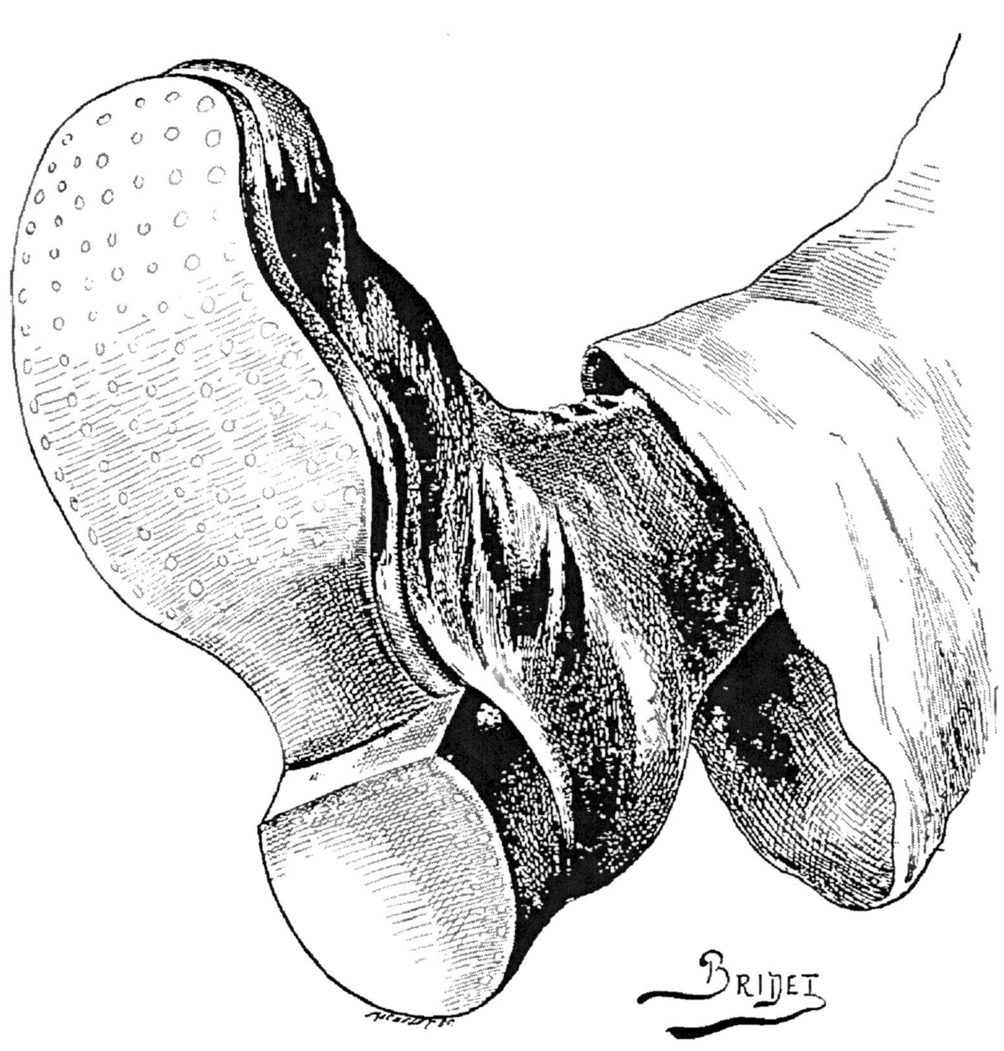
BRIDET

A. LE BEGUE

PROJET DE PLAFOND POUR LE PALAIS DE JUSTICE
à la mémoire de Marquelet.

SANS AVOIR DE CHAGRIN, ELLE EN A GROS SUR LE CŒUR

Maygrier

UTOPIE

M. Maygrier, un profond observateur, a été témoin oculaire de la scène ci-contre, qui du reste est assez ordinaire dans la vie usuelle. Avec sa remarquable intensité de compréhension, il s'est demandé si l'*Utopie* n'était pas de l'*incohérence*, ou si l'*incohérence* n'était pas de l'*Utopie*.

Time is money! s'écria-t-il, plagiaire inconscient d'Archimède, et du coup il s'établit MAGNÉTISEUR.

(De 9 à 11, rue Tirechappe, 1 franc le grand jeu, 30 sous l'extra-lucide. — On est prié d'apporter le marc de café ou Lemardelay *(réclame payée)*.

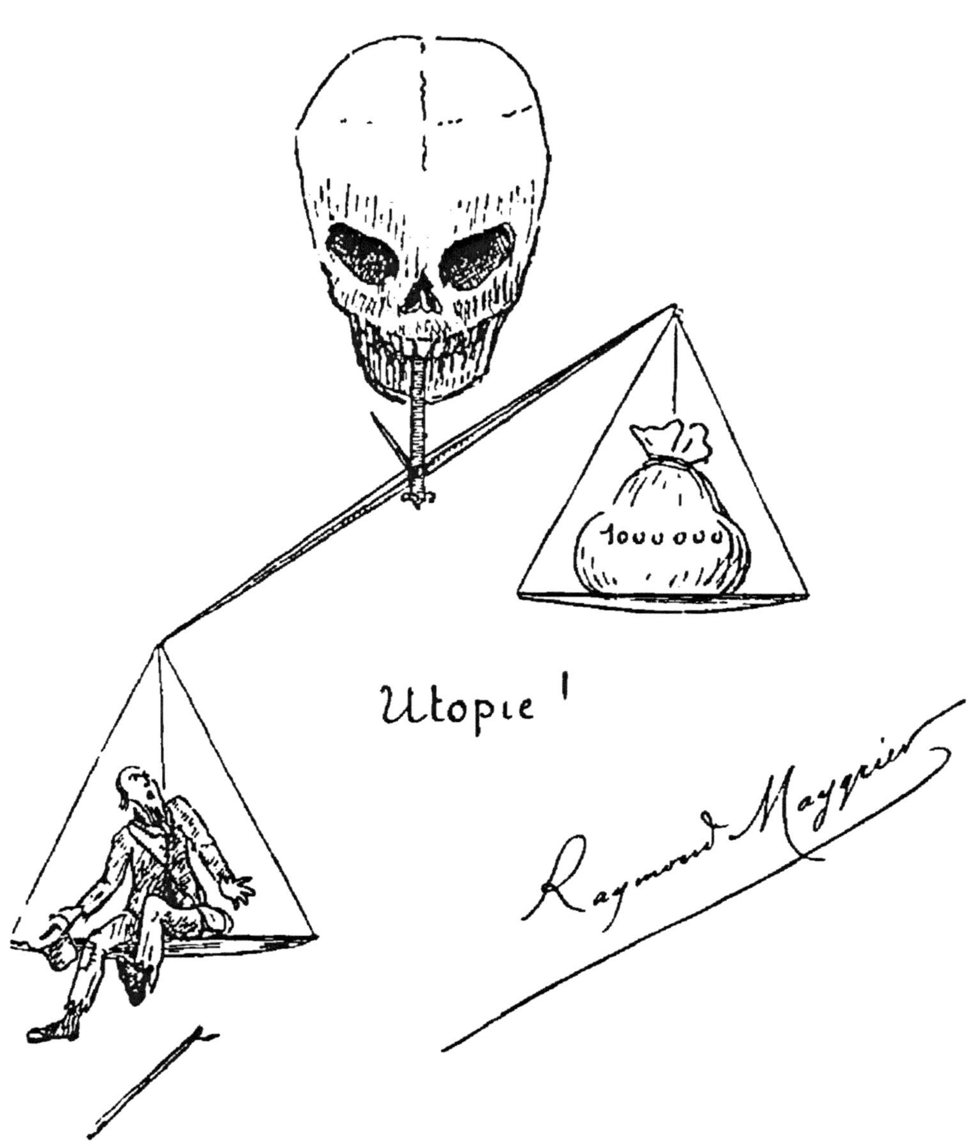
1000000
Utopie !
Raymond Maygrier

GIEFFE

LA TORTUE ET LES DEUX CANARDS

Projet d'uniforme pour les jeunes télégraphistes

La tortue qui remorque deux canards personnifie la rapidité dont usent les jeunes employés du télégraphe chargés d'apporter les dépêches à domicile.

D'aucuns, en contemplant dans les salons des Arts incohérents, le cadre imagé de cet œuvre surprenante, d'aucuns songerout peut-être aux nouvelles aussi apocryphes que fallacieuses publiées par une couple de journaux du matin.

Entre deux interprétations, notre cœur balance.

Souhaitons un peu plus de rapidité aux jeunes télégraphistes, et des canards moins défraîchis aux journaux précités. De cette façon tout le monde sera content.

Et vous aussi, n'est-ce pas?

MARCOTTE

IMPRESSIONISME

LA CIGALE ET LA FOURMI

ÉMILE COHL

LE GRAND MOGOL

Le Mogol ou Mogolie, est une vaste contrée de l'Asie centrale, comprise entre 38°-53° de latitude Nord, et 82°-122° de longitude Est.

Elle a pour bornes la Sibérie, la Mantchourie, la Chine proprement dite, les provinces de Kansou et de Tian-Chau-Pelou. — Trou-là-ï-tou.

M. E. Cohl, l'explorateur dont chacun envie la gloire, et qui occupa un poste envié au sérail du Grand-Mogol, nous a rapporté les portraits authentiques, — peu inédits — de quatre fonctionnaires importants, confidents de cet autocrate.

On remarquera l'élégance des asiatiques sus-désignés, revêtus pour la circonstance, d'un costume européen.

(On ne sort qu'en payant).

THEATRE GAITE
LE
GRAND MOGOL.

CHOUBRAC

ON DIRAIT DU VEAU

On dirait du veau!.... verticalement, car horizontalement, on dirait d'une pipe.

Quoiqu'il en soit, c'est mal de votre part, M. Choubrac; il n'y a pas à le nier : c'est une manœuvre antisémitique, pour vous faire décorer du Mérite Agricole.

Vous ouvrez de nouvelles voies à la falsification nationale; on nous faisait déjà manger du lait fabriqué avec du blanc d'Espagne, du café au poussier de mottes, des escargots avec des rognures de tuyaux de clyso-pompe, des tripes avec de vieux gilets de flanelle, du cambouis avec du Liebig!..... Maintenant, on va nous faire du veau avec du nègre!.......

Mais vous voulez donc vous créer des difficultés avec M. Gerville-Réache?

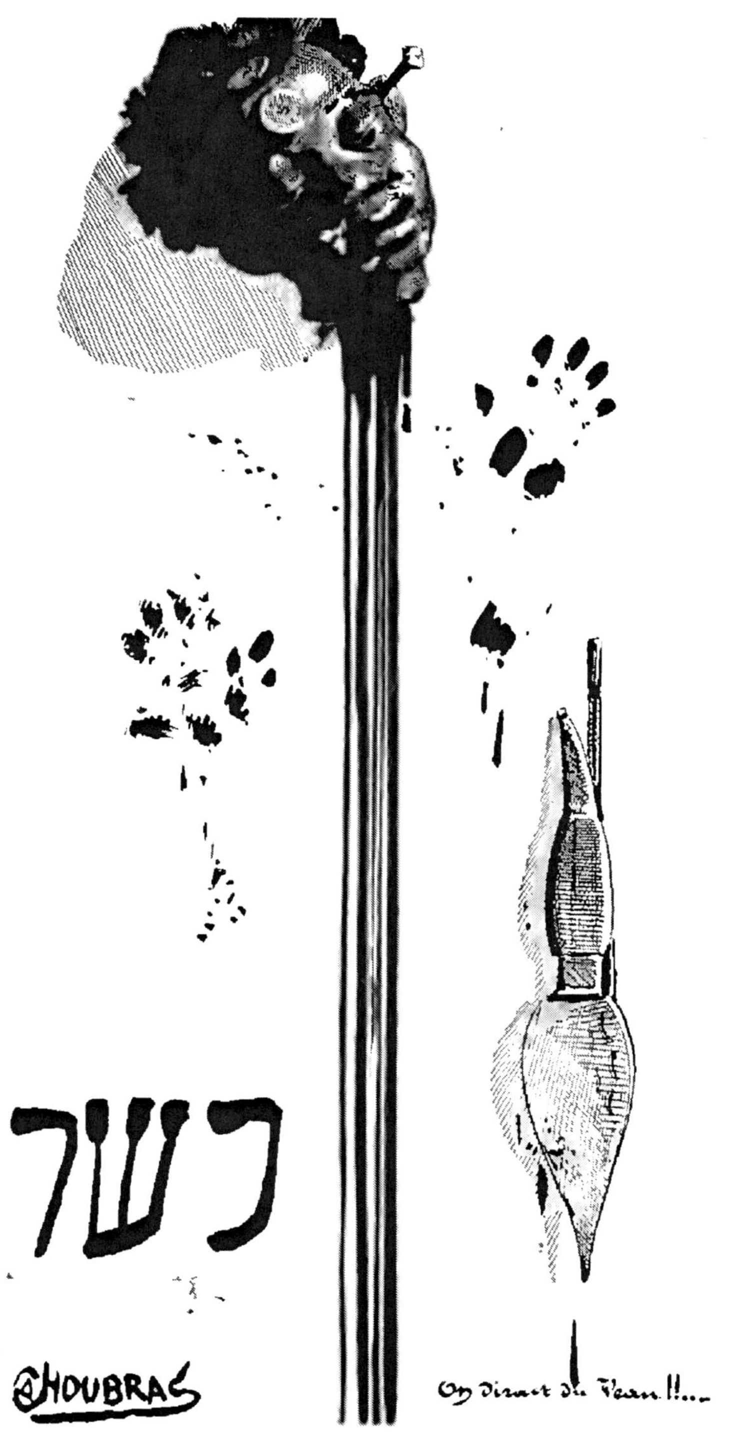
כשר
CHOUBRAS
On dirait du Veau!!...

IHLY

LE PITRE

Si tu le vois d'Ihly que je l'adore.
(Saint-Augustin-le-vieux).

Ce malheureux pitre, pressé par le besoin, a vendu ses pieds, pour rentrer en possession du pavillon de son instrument mis en gage, dans l'unique but de nourrir son vieux père.

Nous le regrettons d'autant plus, que ce pavillon était le clou du tableau.

LE PITRE

RI-KI-KI

LA SULTANE VALIDÉE

Portrait commencé du vivant de l'original, qui, de sultane validée passa à l'état d'invalidée par suite d'excès de tabacs.

(Macach bono, kif-kif bourico, boufarick et mascara.)

L'artiste a exagéré la squelettité de cette dame, soudoyé qu'il était par la sympathique Société contre l'abus du tabac. Il a poussé la profanation, jusqu'à *calotter* un crâne, dont il eut été, jadis, trop heureux de baiser la main.

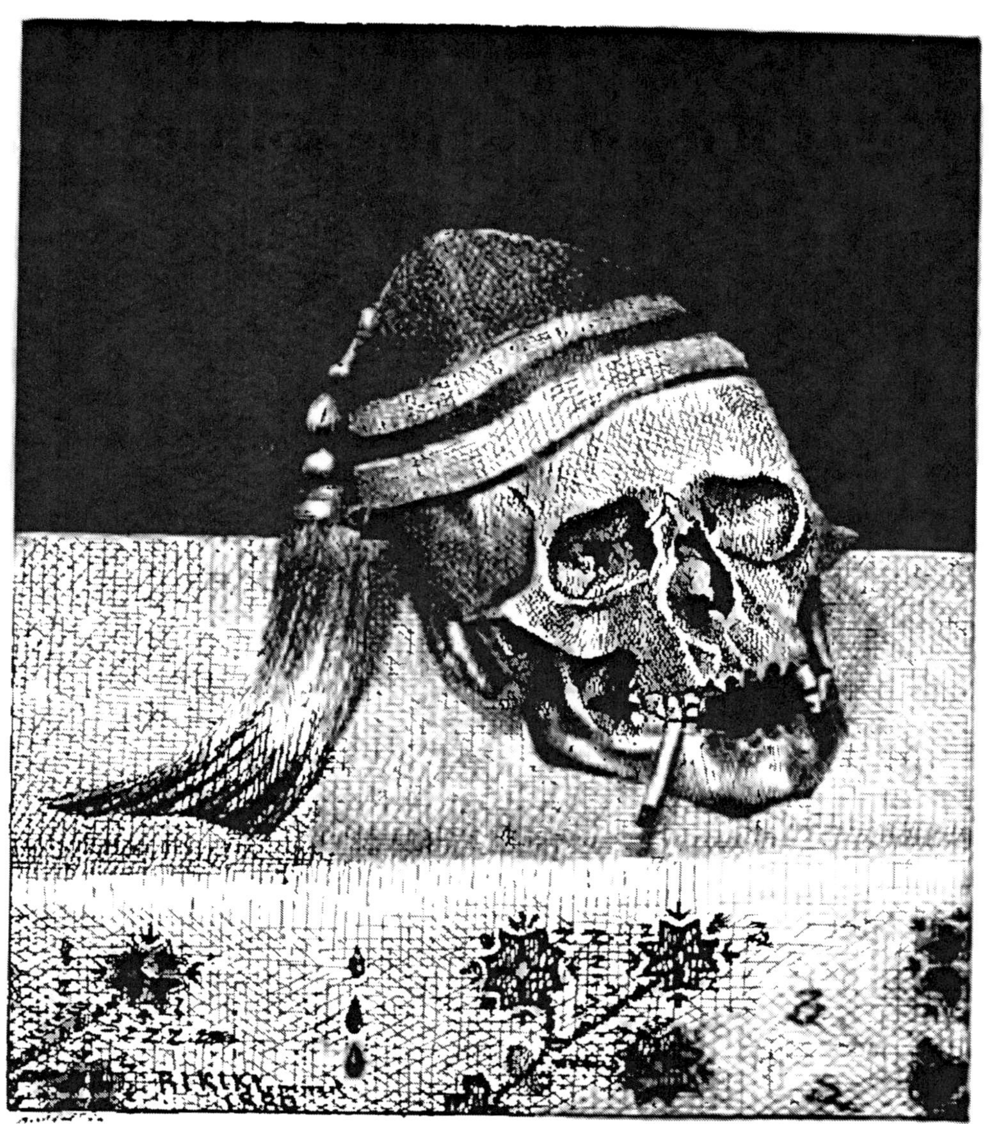

HENRI DETOUCHE

LA FOI EN DIEU SEULE SOUTIENT

Air de : *Fualdès.*

Écoutez, peuple de France,
De Versailles et de Passy,
Où l'abus du macaroni
Amène les gens de Florence,
De Milan, de Napoli,
Et de la Sicile aussi.

Une pauv' jeun' fille délicate
Et pleine de dévotion,
S' pochardant à l'Ascension,
S' casse une jambe et puis une patte,
C' qui fait qui n' lui reste plus
Qu'à s' traîner su' l' bas d' son... dos.

Croyez-vous qu'elle rigolle?
Faut qu'ell' trimball' ses oss'lets,
Ses frusques et chapelets
Au *moignon* d'une seul' guibolle (1).
Elle va piano, piano,
Si parla italiano.

(1) De bois.

Henri Detouche

J. TONM

UNE TROMPETTE SOUS UN CRABE

(Projet d'illustration pour les *MISERABLES*, de VICTOR HUGO.)

Le crabe est plat et la trompette est ronde.

Le crabe a des pattes, la trompette n'en a pas.

Le crabe est silencieux, la trompette est bruyante.

Le crabe c'est le brouillard, — Obscurantisme, c'est la nuit.

La trompette, c'est le progrès — Lumière, c'est le jour.

Enfant je suis avec vous.

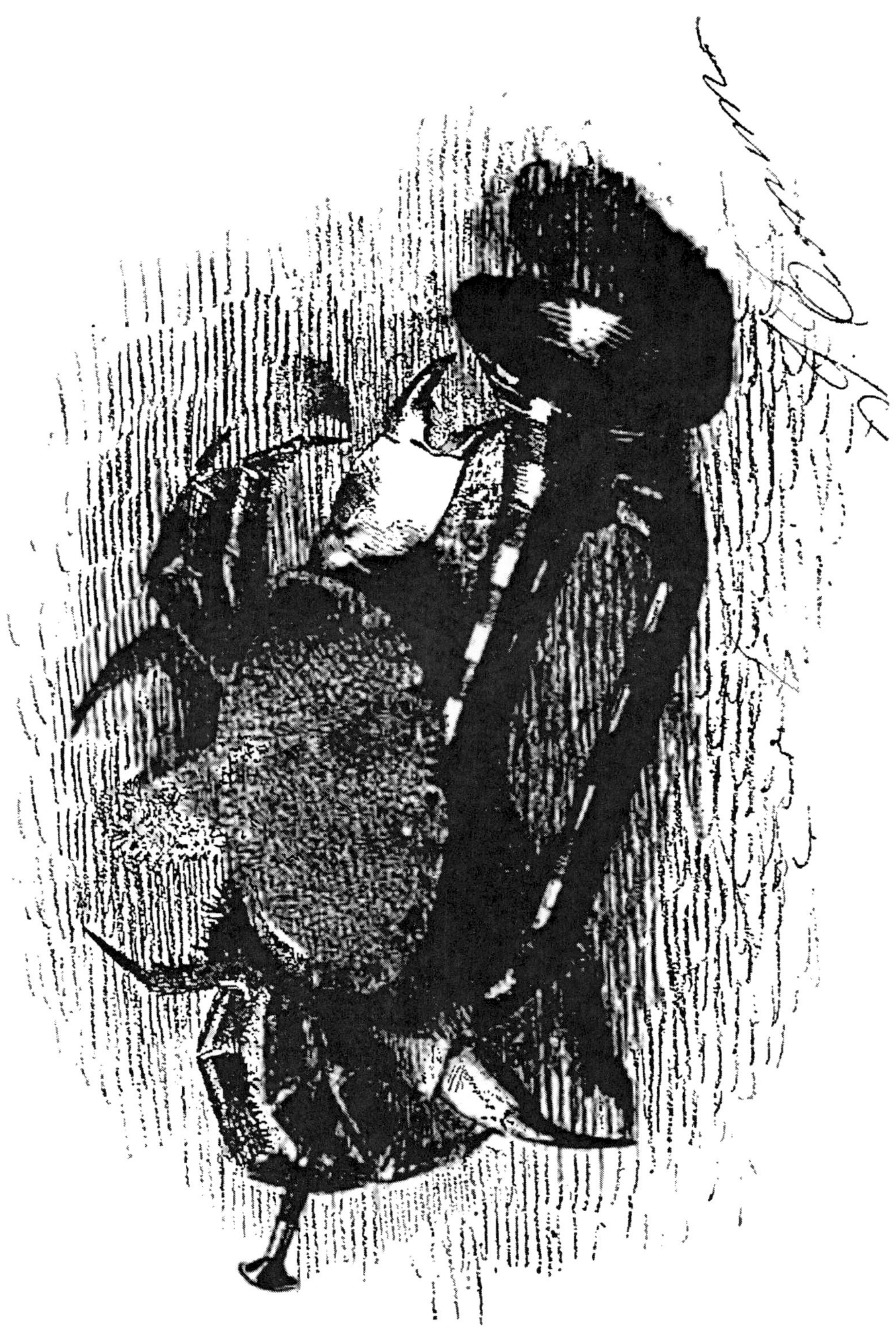

Henri Detouche

UNE RENCONTRE

Un monsieur vient de perdre sa belle-mère, pour ses étrennes.

Quoique fraîchement décoré, ce monsieur a hâte de se débarrasser de ce colis encombrant, qui occupe inutilement une pièce de son appartement fraîchement décoré aussi.

(Papier doré dans le Salon. — Eau et Gaz à tous les étages)

(La Concierge est à l'entresol, et son mari, tailleur, travaille sur le derriere).

En conséquence, ce monsieur décoré confie la bonne (!) femme aux soins mercenaires de deux croque-morts éméchés.

Mais habitué aux embêtements de tout genre, et craignant que sa santé pâtisse d'un calme plat subit, ce monsieur malin, quoique décoré, remplace vivement la défunte par un piano.

Morale :

Gagnera-t-il au change ?

AL. JULLIEN

CÉRAMIQUE POURVOYANTE

Pourquoi pas : Garde du Corps ?
Ou bien : Lui et Elle ?
Ou encore : Elle et Lui ?

Peinture rébusienne commandée par une dame idiote, mais pieuse, dans le but de faire savoir au monde décent, qu'il serait à désirer que les *marmites* soient en terre.

Si ce n'est pas çà, c'est que.... c'est autre chose...

A. Marandet

(*Portrait* sans *pieds d'un sociétaire de la Comédie-Française*)

Portrait du paletot, du gilet, de la chaîne de montre, du faux-col de la décoration et du cou, d'un de nos plus jeunes sociétaires de la Comédie-Française (rue Richelieu, à deux pas de la Civette).

Commandé par une importante maison de confections pour hommes seuls, qui s'établira, peut-être, au coin du quai, ou ailleurs (rien des agences) et qui ne rendra pas l'argent, même si le sociétaire a cessé de plaire.

Ce portrait a été racheté bon marché par M. Grévy, qui usant de son droit de grâce, lui recollera la tête.

G. ALLARD

COMMENT ON PREND SON THÉ A L'ANGLAISE

COMMENT ON PREND SON-TAY A LA FRANÇAISE

LE CLOWN BIBB

UNE VICTIME DU DEVOIR

LE SPECTRE DE BANCO

La voix d'or en doit bien d'autres, de bois, a son charbonnier, natif de Saint-Flour. Elle se préoccupe très peu de ce détail; l'Auvergnat subreptice soudoie un huissier qui se dissimule dans les profondeurs d'un vase intime. Cet homme dangereux (l'huissier) surgit au moment psychologique; il étale tout un lot de papiers timbrés.

La voix d'or est si peu entrain d'éclairer qu'elle en éteint sa chandelle.

———

DELACOURT

UN BAL CHEZ LES BATRACIENS

Voilà une œuvre, sincère, vécue, qui honore l'Incohérence. L'artiste n'a rien laissé à la fantaisie, et c'est dans le cercle de ses connaissances, qu'il a trouvé ses modèles.

UN BAL CHEZ LES BATRACIENS

H. DETOUCHE

Ceux que je ne puis, en dépit de ce qu'ont dit Bossuet et de Maistre, considérer comme des gens droits.

HABERT

LA CIGALE

Y a-t-il rien qui vous agace
Comme une levrette en paletot ?
(CHATILLON).

Les chiens s'affublent de paletots, c'est vrai, le fait est regrettable, le luxe envahit toutes les classes de la Société, où allons-nous, mon Dieur-je ! mais les chiens n'ont pas de guitare et ne s'introduisent pas dans nos cœurs, sous le prétexte de nous dégoiser des romances lamentables.

Ne plaignons qu'à demi la pauvre cigale : quand on est si congrûment bâti que la demoiselle ci-jointe, on est sans excuse de ne pas rouler équipage. Cette réflexion ne brille pas par une moralité sans reproche, tout au moins, est-elle pratique.

FAUT DE LA VERTU, PAS TROP N'EN FAUT.

Y a t'il rien qui vous agace
Comme une levrette en paletot?
E. Habert

Charles Leroy

GOD SAVE THE COUENNE

Le cochon se contentait, jusqu'ici, d'offrir à nos appétits une viande plus ou moins trichinée. Il avait mérité ce superbe éloge : tout en est bon, des pieds jusqu'à la tête. De qui donc en a-t-on jamais dit autant?

Voilà qu'il devient égoïste ; il supplie la Divinité de sauvegarder sa peau bardée de lard. Il repousse sa mission civilisatrice qui consistait à mourir sans phrase pour nous, quitte à ressusciter plein de gloire dans le souvenir de nos estomacs.

Au cochon étant réservé, comme à je ne sais plus qui, d'étonner le monde par son ingratitude ; c'est le fruit des nouvelles doctrines. Hélas! tout s'en va, n'est-ce pas, M. Chesnelong ?

GOD SAVE THE COUENNE

SAPHO

DEBELLY

LES BEAUX ESPRITS

PROJET DE PLAFOND POUR L'ACADÉMIE

SE RENCONTRENT

TROUS A LA LUNE

(*SOUVENIRS D'UNE FÊTE DE BIENFAISANCE*)

Trou la la, trou la la,
Nous allons t'y rigoller.
Trou la la, trou la la,
Y a des pauv' à soulager (1).

Trou la la, trou la la,
Vive ce bon choléra,
Trou la la, trou la la,
C'est nous qu'en profitera.

(1) De leur argent. — Note de l'éditeur.

CH. ANGRAND

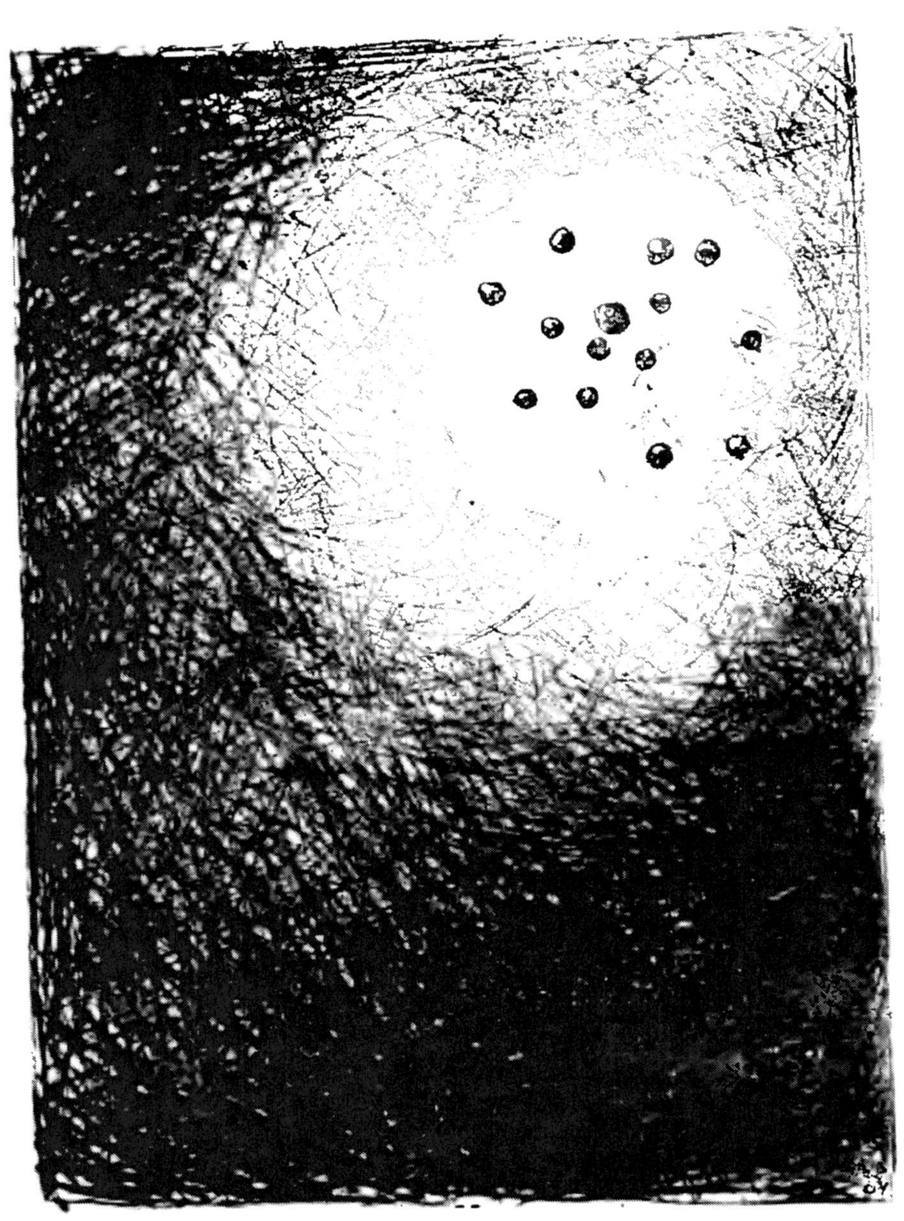

PAYSAGE FINANCIER (Fragment.)

NATURE TRÈS MORTE

BOISSY

LE MOULIN DE LA GALETTE

SARGUES

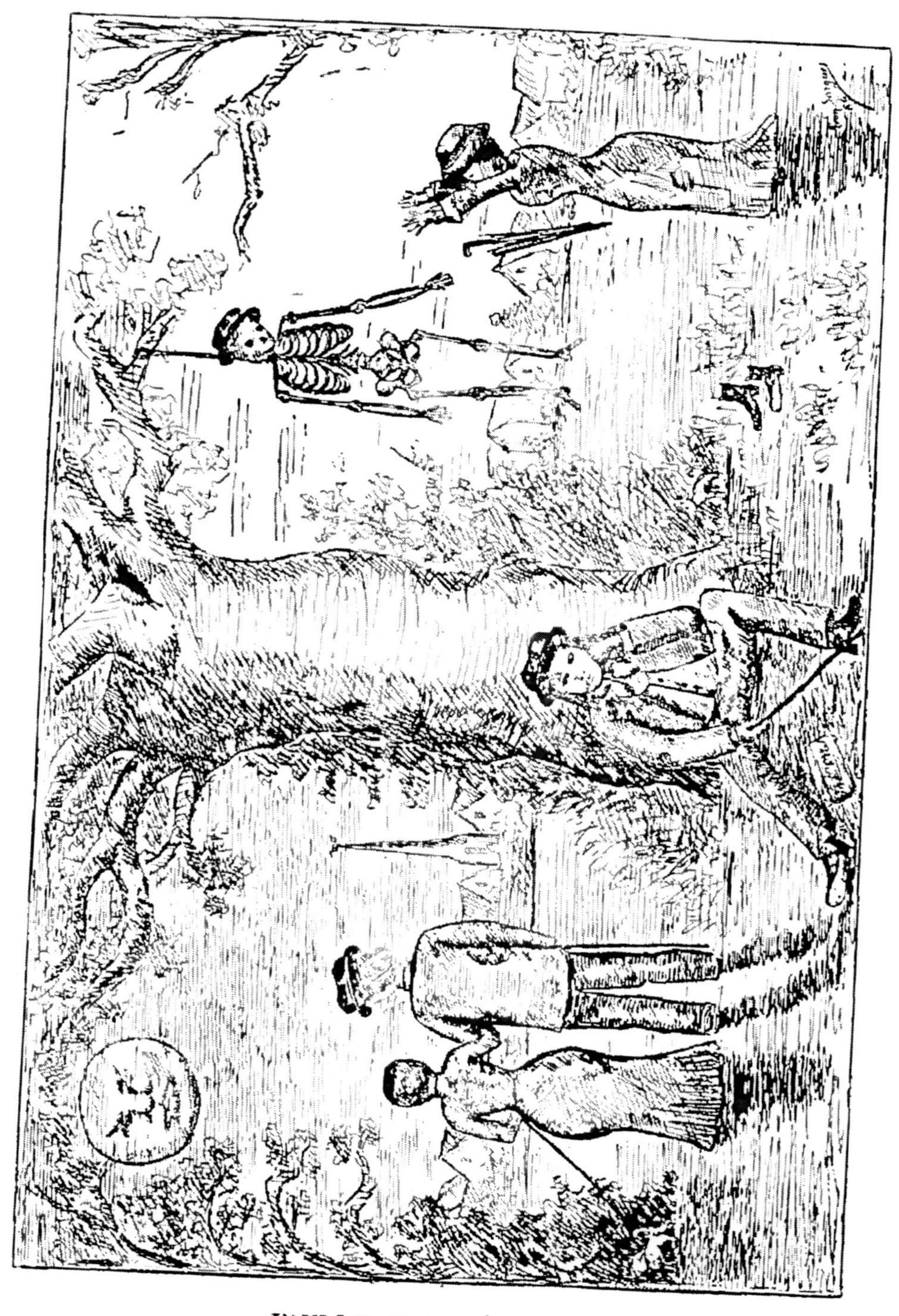

IDYLLE INCOHÉRENTE

DE LA BELLE Mme X...

par

CAPORAL

DE LA 1re DU 2

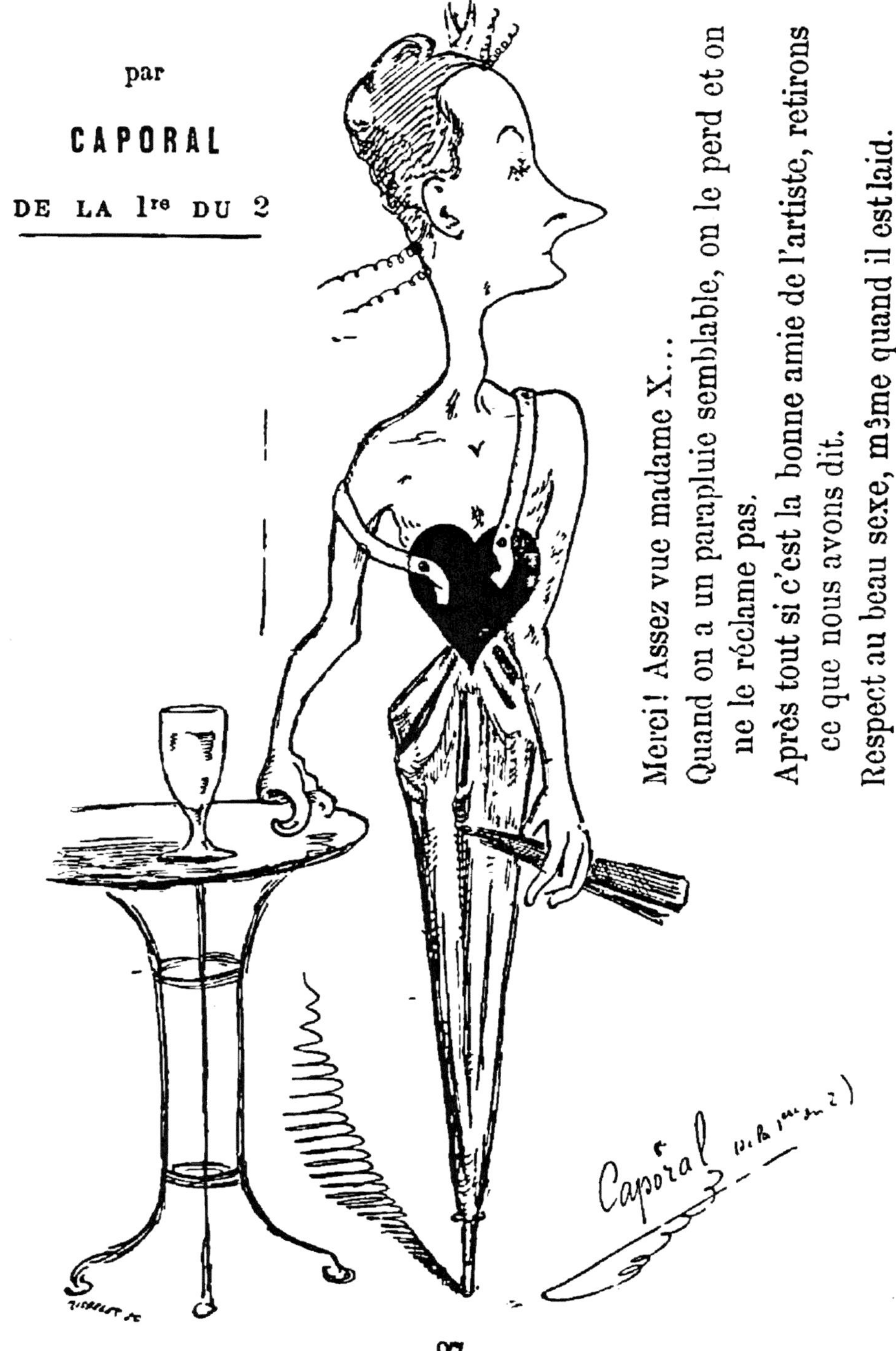

Merci ! Assez vue madame X...
Quand on a un parapluie semblable, on le perd et on
ne le réclame pas.
Après tout si c'est la bonne amie de l'artiste, retirons
ce que nous avons dit.
Respect au beau sexe, même quand il est laid.

HABERT

LA VÉRITÉ

Fatiguée de servir de prétextes à toutes sortes d'indécences, peintes ou sculptées, la Vérité sortit une bonne fois de son puits pour n'y plus rentrer.

Elle fila dans *celui* de Dôme où elle possédait des parents qui la renippèrent à neuf, la police locale ayant trouvé qu'un miroir tenu à la main, constituait un costume insuffisant.

Par suite tous les Auvergnats — charbonniers de leur état — eurent un tel respect de la Vérité, qu'on n'en vit plus un seul en police correctionnelle pour vente à faux poids.

la Vérité

CARRIER DE JONCREUIL

Le Tambour d'une Étoile.

C'est Léonidc Leblanc
Plan, plan, plan, tirc liran plan.
C'est Léonide Lcblanc
Qu'ici vous voyez luire.

⁂

L'étoile au clair sourire
Dont le doux charme attire,

⁂

C'est Léonidc Leblanc
Plan, plan, plan, tire liran plan.
C'est Léonide Leblanc
L'étoile au clair sourire.

ALESSON

UNE VEUVE VUE DE SON ÉPICIER

Ah !... laissons cela.

C'est encore des affaires de femmes,

Des cancans, des potins (pas Félix).

La veuve !... est-ce qu'on sait, pourquoi veuve ?

As donc tué son mari ?

L'épicier un joli filou, et poli avec ça, il garde son chapeau, ah ! après tout, une veuve :

Dans tout les cas c'est du sale monde.

Ah ! laissons cela.

DILLON (HENRI)

FANTAISIE INCOHÉRENTE

Le...firmament... bleuets... ciel rose... rosé eh! eh
Verduron, verdurette, verdure, petits oiseaux,
mangent verdure, contents petits oiseaux!
Petites femmes; — v'lan! v'lan — très petites....
gentillettes, joliettes, blondinettes, blanchettes...
hou! hou!...
Papillons, — pan! pan! — p'tites femmes, fleurs,
papillons farceurs... polissons papillons.. oh! oh!
Tambour, tambourin, coudrette, herbette parbleu!
culbute bien drôle... gazon... sucre de pomme...!

C'est égal! gentil tout d' même!

A. BADUFLE

PORTRAIT EN PIEDS

Le croquis ci-contre retrace un de ces drames obscurs que l'indifférence publique dédaigne d'enregistrer.

Le v'là : un chand d'parapluie, homme intègre, réduit à la faillite par suite d'un beau temps ridiculement prolongé, s'endort, stoïque, du dernier sommeil, à l'ombre de ses pieds, pour faire concurrence à la fameuse Selika, pionçant sous un mancenillier.

(*Paroles de* SCRIBE, *musique de* MEYERBEER).

TRISTE ! TRISTE !

DEBELLY

EN QUARANTAINE

Entrez! entrez! suivez la foule!

Venez voir, venez voir le phénomène bizarre autant que curieux.

Ce sont les deux frères Siamois dont une sœur; la sœur est âgée de quarante ans de plus que son frère, car elle n'est pas du même lit.

Ils ont deux têtes, quatre bras, cinq pieds de hauteur et deux jambes seulemeut.

Vous admirerez leur grâce, leur beauté, leur élégance; quoique soudés à la hauteur de la hanche, ils dansent à ravir la polka, la redowa, la mazurka, la tarentelle et le quadrille des lanciers.

Les enfants et les militaires, tenus sur les genoux de leurs parents, ne paient que demi-place.

Entrez! entrez! suivez la foule!.....

Albert Debelly

E. HABERT

SAINT DENIS SE RASE

Après avoir subi la fâcheuse amputation que l'on sait, saint Denis prêt à monter au ciel, résolut de s'offrir une dernière jouissance terrestre.

En voluptueux raffiné qu'il était, il blaireauta sa sainte face de martyr de Windsor-Soap à la germandrée (Chardin et Cie) ; il prit son bon rasoir d'Aubry (Palais-Royal, à gauche ou à droite selon le point de départ) et du tranchant moëlleux comme une caresse, il gratta sa sacrée face.

L'opération terminée, il apaisa le feu du rasoir avec de la délicieuse revalescière Dubarry en guise de poudre de riz.

(RÉCLAME PAYÉE)

St DENIS se Rase

LA SALLE GRAFFARD

(Carton, d'après J. Béraud).

ASTRUC

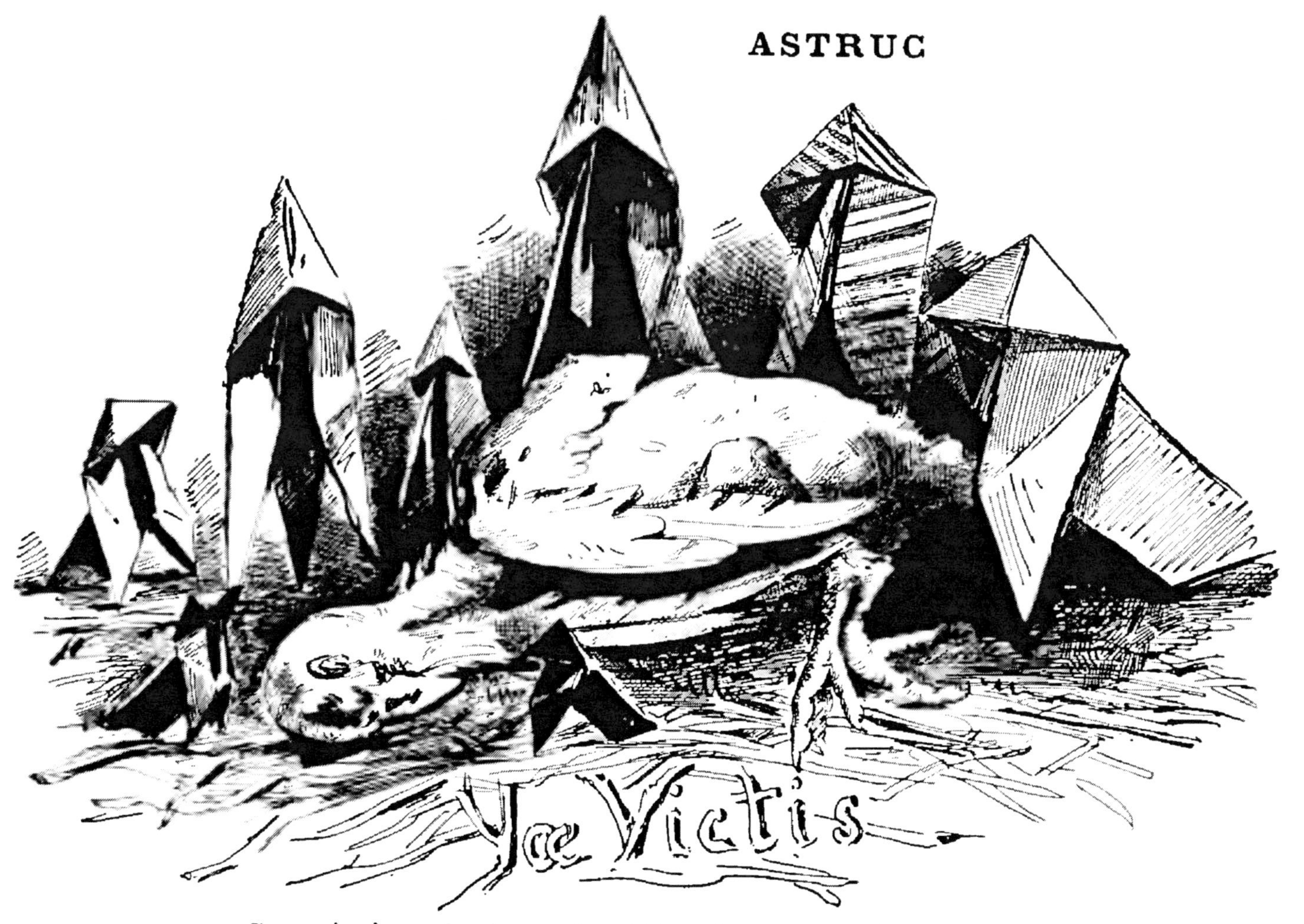

Ce qui s'en vient par la flûte, s'en va par le tambour.
Méfiez-vous, petites cocotes, ne chantez pas victoire : car :
Ce qui s'en vient par l'oiseau, s'en va par le poisson.

N. NAIR

~~~~~~~~~~

UNE NYMPHE

—

Ne pas confondre avec un certain Henner qui a la manie d'exposer des pastiches grotesques du ***véritable***, du seul, de l'INCOMPARABLE, de l'INCOHÉRENT **N. NAIR**.

Cette œuvre, entièrement peinte à la couleur fine, sur châssis à clé, à double clé, à triple clé, se recommande par des qualités de solidité et de durée à l'usage, qu'on garantirait au besoin sur facture.

On remarquera l'abondance et la finesse de la chevelure, qu'on peut toucher

Ne craignez rien, ça ne vous restera pas dans la main.

~~~~~~~~~~

Le public est prié de ne pas y mettre de pommade.

CARTE DU VENDREDI

CARTE DE LA PRESSE

BRIDET

PORC TRAIT PAR VAN DICK

Plus de rides, plus de cheveux blancs, grâce à cette œuvre remarquable, qui sera admirée surtout pour la nouveauté du titre.

PORC TRAIT PAR VAN DICK

Celà vous reporte aux jours bénis de la jeunesse, jours heureux, où les gens distingués échangeaient des paroles en ce genre :

Comment vas-tu — yau de poële?
As-tu chaud — colas?
Te voilà encore — de chasse!
Le vieillard — en sort, etc., etc.

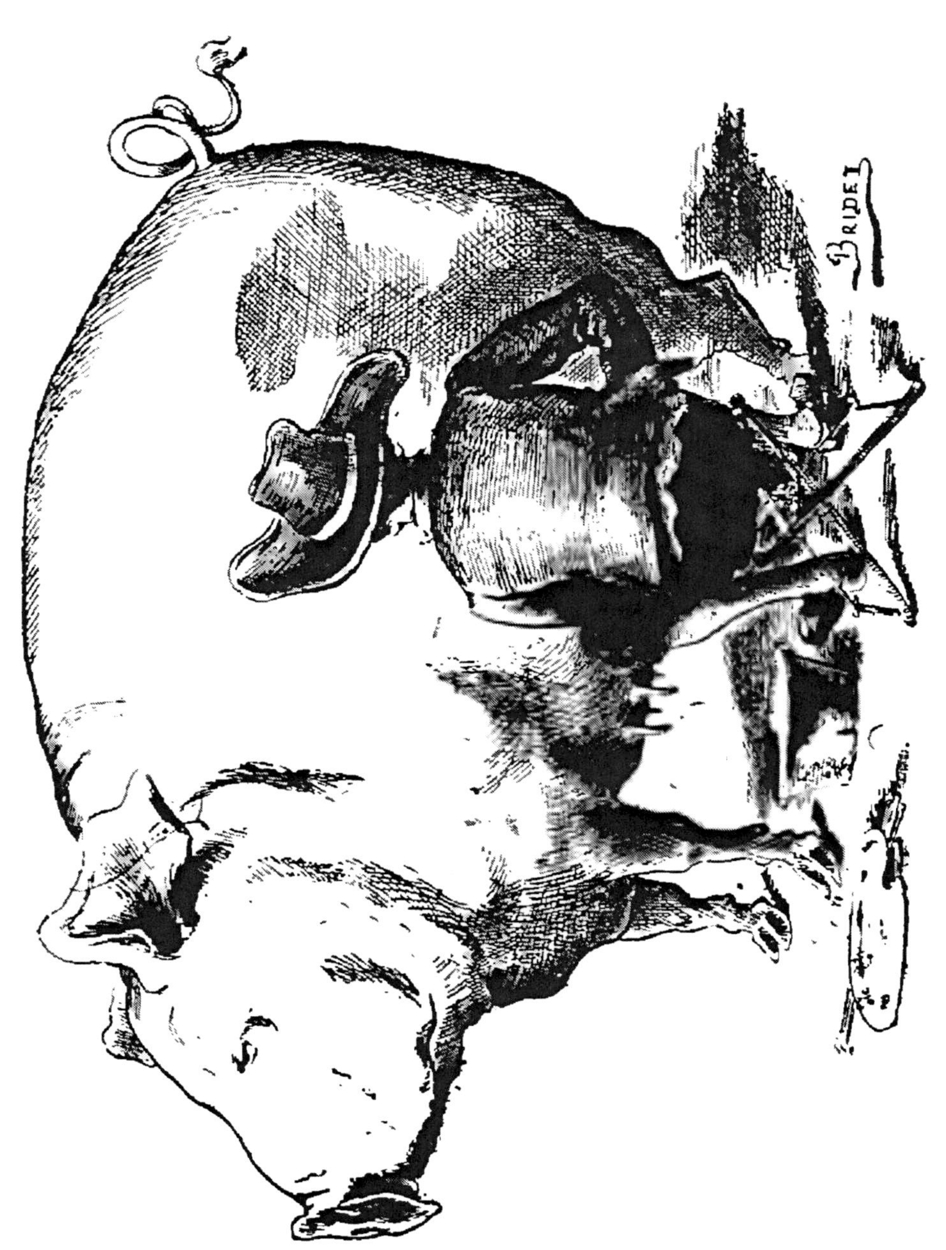
BRIDET

HOPE

CROQUIS DE L'AFFICHE

Par un juste retour des choses d'ici bas, le marbre se venge enfin des blessures, qu'il a reçues dans sa carrière.

Armé de la masse et du ciseau, il tombe sur un de ses bourreaux.

Il a pris pour siège l'écusson de l'Incohérence tel qu'il est décrit dans le grand armorial de d'Hozier.

Cest a savoyr :

En chef de tuyaux de poyle de sable sans nombre, sur champ d'argent, abaissé d'un lézard d'or, yssant, cherchant à boulotter une lune de même sur champ de gueules de bois.

Hope

LES GRANDES MANŒUVRES

(ACQUIS PAR L'ÉTAT)

« ... La 42e division du 21e corps dissimulée derrière « un pli de terrain se prépare à prendre l'offensive. — Un « peu en arrière, sur la crête, masquées par des taillis, « 3 batteries du 40e d'artillerie se disposent à appuyer ce « mouvement.— Le général en chef reçoit les félicitations « de l'État-Major étranger, à 600 mètres en dehors du cadre « de l'action ».

GRAY

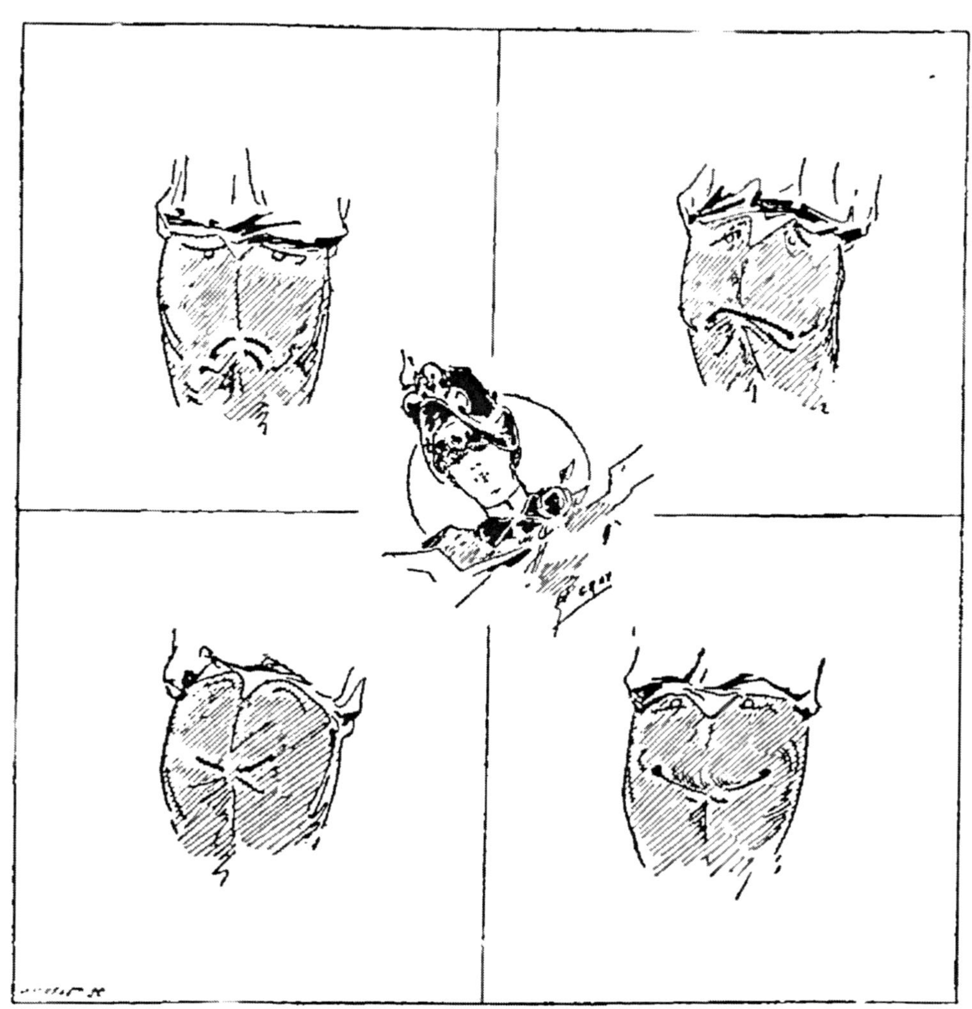

PANTALONNADE

Emile Cohl

PAUVRE PÊCHEUR

M. Emile Cohl vient de reprendre avec succès un motif jadis gâté par M. Puvis de Chavannes.

Le *pauvre pêcheur* de M. E. Cohl est consolant, il vous élève l'âme, quand celui de M. Puvis de Chavannes vous jetait dans une tristesse voisine de la désespérance, car il ne prenait rien, le pauvre homme!

Celui de M. E. Cohl vient au moins de saisir une proie, malheureusement engagée dans les branches d'un bec de gaz, placé fortuitement au bord de la rivière.

On admirera chez ce pêcheur, une bonhomie souriante, qui n'exclut ni la grâce ni l'élégance.

Quant au paysage, il est d'une finesse et d'une distinction, qui embêteront les paysagistes les plus en renom.

Em. Cohl

Frank Sinus

UN DRAME SUR UN SIÈGE

C'est le voyageur, qui a tort, la preuve, c'est qu'il en reçoit, et que sa femme — heureusement, va être pilée tout à l'heure.

Ça lui apprendra à faire du luxe, à prendre un cocher, à le commander, à choisir l'endroit où il veut aller, à vouloir que le cocher aille vite sous prétexte qu'il est à l'heure.

Ridicule! aiusi, voyez comme la police est indifférente.

LE LAPIN AÉROSTATIQUE

G. PAQUEAU

CHIEN DE TEMPS

Ce déshabillé fringant
Ma foi, vous va comme un gant
Comm' ça, moi, j'vous trouve bien mise
Mam'zelle Lise,
Mamz'elle Lise,
Qu' vous ét' bien en ch'mise.

CHARLET

LE REMORDS DE CAÏN

Air : LES BIDARD

Abel avec son frère Cain *(bis)*,
A c' qui paraît n'était pas bien,
N'était pas bien, même pas très bien.

Caïn qu'était un' mauvais' bête,
A son frèr' flanqua z'une boulette,
C' qui fait qu'Abel, quoiqu' vertueux,
Une dernièr' fois ferma les yeux.

*
* *

Ici Caïn voit un peu tard,
Beaucoup trop tard, c'est même' c' qui l'entortille,
Qu'il a diminué sa famille,
Et plein d' remords s' déguise en tortillard.

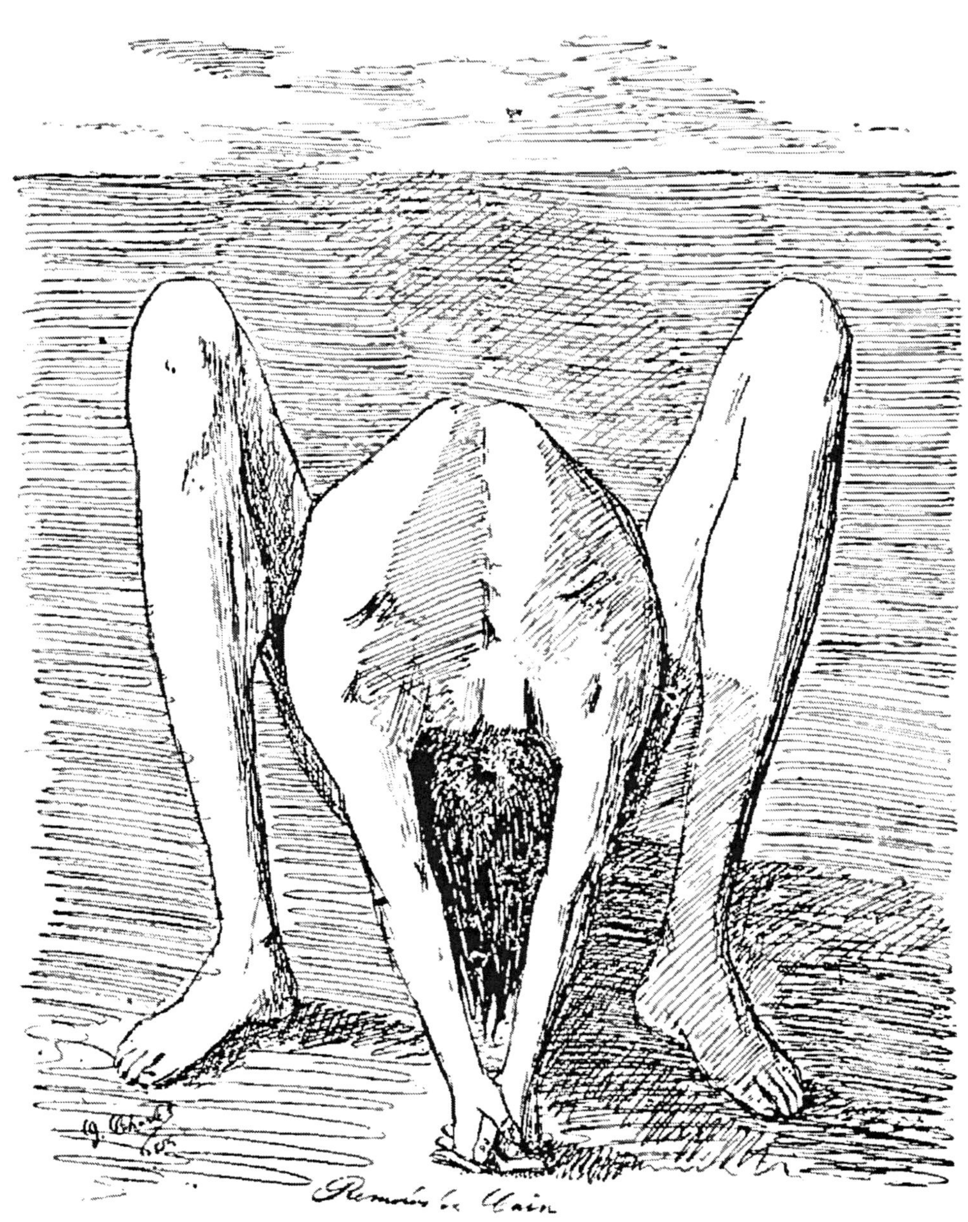

Remords de Cain

P. OLIVIER

UNE VIEILLE COMPRESSE

M. et Mme Docu occupés à la confection d'un nouvel Amer apéritif fortifiant qui portera le nom de Madame par compensation.

AIR : *Domino noir.*

Elle. — Non, non, cessez de me presser!
Lui. — Calmez-vous, je vais vous laisser;
Mais, mon amour,
Encor un seul tout petit tour.
Elle. — Moi, j'en ai bien assez;
Lui (*con animo*). — Non, pas assez!

Et ce pionnier de la distillerie française continue sans s'émouvoir.

HOPE

FONDATION DU MÉRITE VINICOLE

M

Nous avons l'avantage de vous informer que nous sommes des voleurs, et que nous continuerons, comme par le passé, à filouter avec zèle notre aimable clientèle.

Seront exceptés de cette mesure, les nez distingués qui auront eu l'honneur d'être décorés du **MÉRITE VINICOLE**, *fondé par* S. M. BACCHUS Ier, *pour humilier l'ordre du Poireau Officiel, et pour récompenser les amateurs sincères de notre bonne liqueur si française.*

Agréez, je vous prie, nos salutations distinguées :

X··· & Cie

Hope

JAPHET

Le char de Vénus

Les voyez-vous passer, les belles affranchies,
Sur les chemins sablés et les routes blanchies,
Que l'esclave arroseur humecte à longs jets d'eau.
Leur char à huit ressorts vole, et le badeau
Lutécien s'écrie : Oh ! la belle païenne !
Elles suivent au trot la voie Elyséenne....

(ÉMILE GOUDEAU. *Fleurs de bitume.*)

NOTA. Il n'y a qu'une affranchie, les autres étant en lecture.

GUILLAUME LIVET

MALHEUR AUX VAINCUS

L'Intestin disait un jour, en colère
Au pauvre Thomas qui tendait... la main :
Que m'importe à moi ta grande misère?
Je garderai tout, et tu n'auras rien.

Mais Thomas vexé lui dit : grande bringue,
Puisque pour toi seul tu veux les. . écus,
Je vais m'adresser à maman Seringue,
Et ma foi tant pis : malheur aux vaincus.

ENVOI

Ton bras est invaincu mais non pas invincible,
Qu'importe le néant pourvu qu'on ait la cible,
Tel qui périt en bas, là-haut, sort vainqueur;
Je me ris du danger et montre mon grand cœur

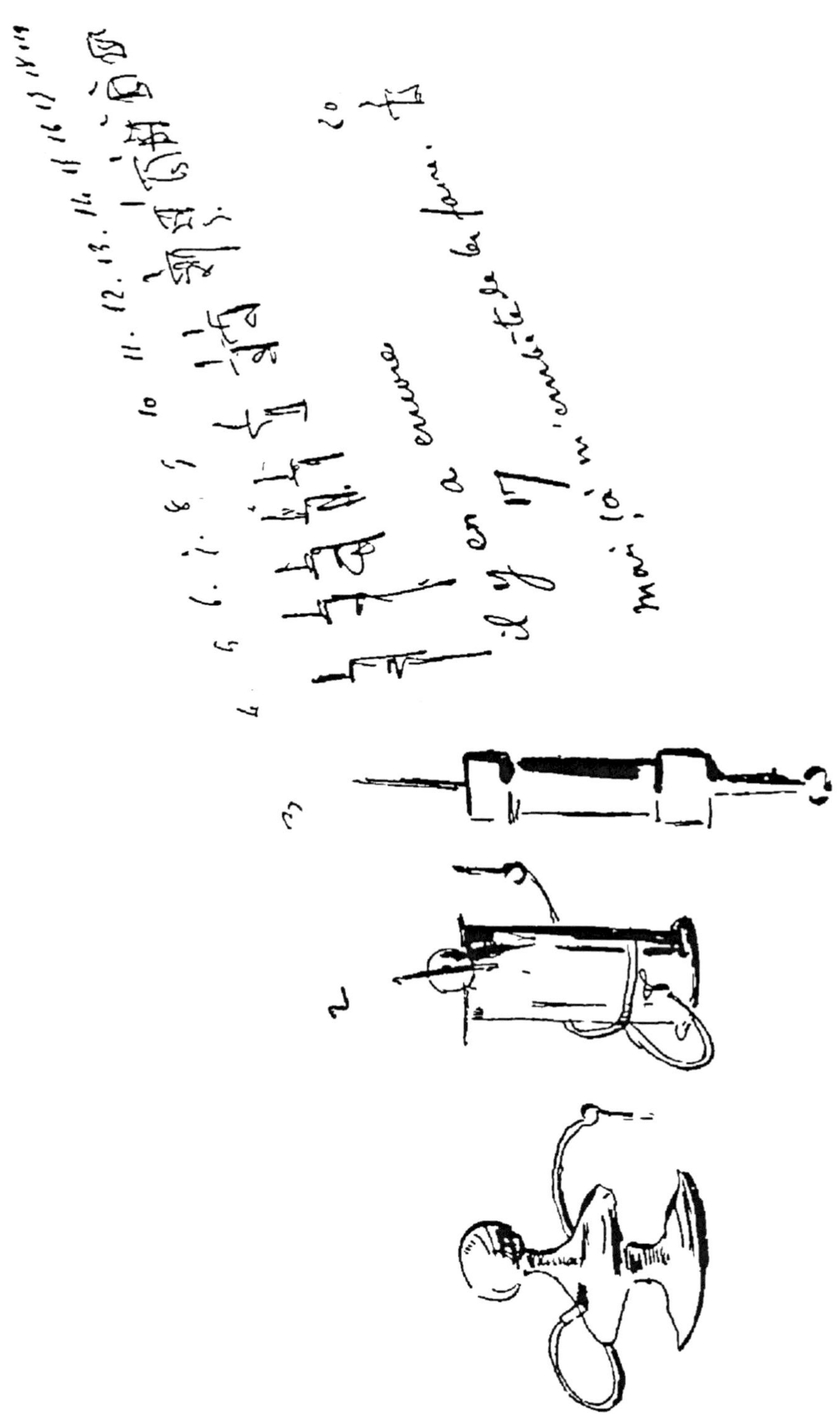
il y en a encore

LE RÊVE DES PEINTRES OU LA CIMAISE POUR TOUS

P. BILHAUD

LA FILLE AUX ORANGES

GILBAULT

LE DOCTEUR MONIN

Tudieu ! quelle mine rutilante !

Quoiqu'en disent les mauvaises langues, il faut croire que la médecine a du bon car si les malades en meurent, voilà au moins un docteur qui trouve le *Monin* de se porter à merveille.

DÉBARDEUR INFATIGABLE « QUI M'AIME ME SUIT! »

GEORGES MOYNET

UN VER DE TERRE, AMOUREUX D'UNE ÉTOILE

En haut, y a une étoële,
Tant mieux pour elle.
En bas, y a un ver tout p'tit,
Tant pis pour lui.

Ce ver lui dit qu'elle est belle,
Tant mieux pour elle.
El' le trouv' laid, rabougri
Tant pis pour lui.

Il veut grimper à l'échelle
Tant mieux pour elle.
N'en trouvant pas à crédit,
Tant pis pour lui.

Il a recours à la flanelle,
Tant mieux pour elle,
Et va s'coucher dans son lit,
Tant pis pour lui.

LE COMBLE DE LA RÉCLAME

DELBEY

LA RECOLTE DU TABAC DANS LA CAMPAGNE DE BRUXELLES

J'ai du bon tabac,
Tu n'en auras guère;
J'ai du bon tabac,
Tu n'en auras pas.
Ce qui est bon à prendre est bon à garder.

(Feu Loriquet)

Loriquet rime à briquet; briquet fait feu; tabac fait fumée; pas de fumée sans feu. — Comprenez-vous, dis, Monsieur, savez-vous, pour une fois?

BOURBIER

LASSOUCHE (DESSIN DE H. PILLE)

THERMOMÈTRE DE LA JOIE

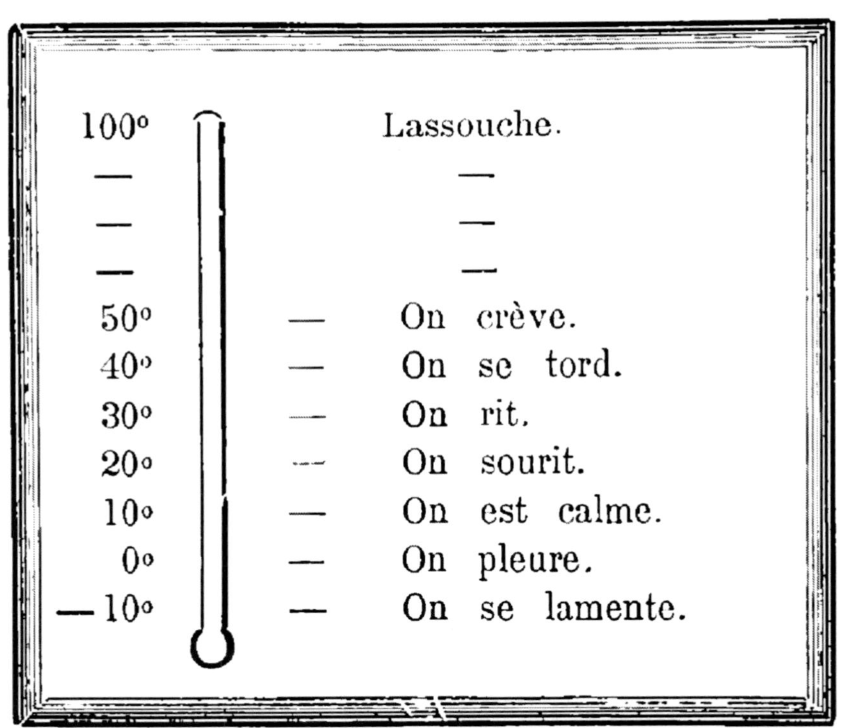

PAUL-BILHAUD

L'Art appliqué à l'Industrie

On fiche sept francs,
On fiche sept francs,
On fiche sept francs cinquante
De c't' espèc' de trumeau,
Qui n'est ni frais ni beau;

—

Et vous n'êt' pas content?
Vous êt' bién exigeant.
Ce n'est pas un' raison
Pour m'esquinter l' plafond
La rifla fla fla
La rifla fla fla
La rifla fla fla
La rifla fla fla
La rifla fla fla
On n' m'y r'pinc'ra pas.

LANGLOIS

(H. E. & C.)

LA FAMILLE DE LESSEPS

L'artiste a fait preuve d'irréflexion en ne ménageant pas un peu d'espace dans sa composition. Les précédents nous autorisent à préjuger qu'il devra mettre à jour sa toile tous les neuf mois.

Nous sommes parmi ceux qui applaudissent le Grand Français, s'efforçant dans sa besogne patriotique et patriarcale.

H. E. & G. LANGLOIS.

MESPLÈS

L'HONNÊTE FEMME ET L'AUTRE

DÉMONSTRATION :

Raide commme un pieu —— raide au pieu

OU

raide comme un pieu = raide au pieu.

C. Q. F. D.

EDMOND DESCHAUMES

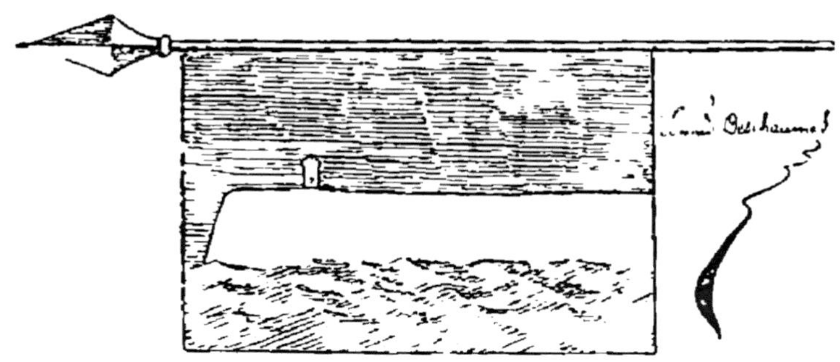

LA MER A FECAMP

LE 14 JUILLET

Marine brossée par une plume magistrale. Le comble du chauvinisme, la nature vue au travers d'un monocle tricolore. Le monocle est la caractéristique du chroniqueur ; le chroniqueur est dieu et Seholl est son prophète.

CÉSAR ° BINOCLE

L'EXPOSITION AUX BÉBÉS

ÉTUDE SOCIALISTE A TRIPLE DÉTENTE

1° Réagir contre l'Anglomanie envahissante, qui voudrait implanter chez nous sa société aquatique d'intempérance, ce qui tiendrait à mettre en faillite messieurs les mastroquets.

2° Prouver à la Chine que les petits chinois confits, macérés dans les bocaux de la mère Moreau, ne distanceront pas les petits nationaux confits dans un fin trois-six.

3° Qu'il y a un moyen sûr d'arriver à l'extinction du pauvre petit perisme (B. S. G. D. G.) TÉLÉPH. n° 15, *adresse télégraphique :* Cézonocle.

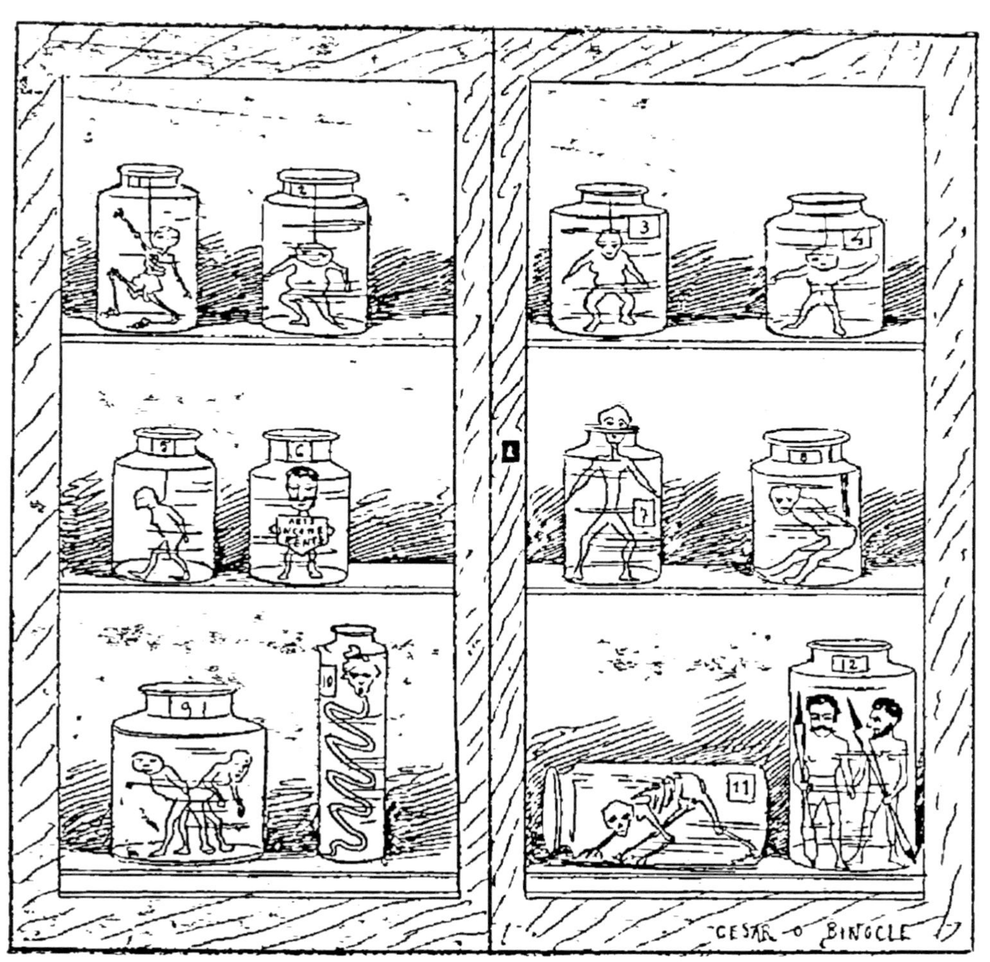
2
3
4
7
9
10
11
12
CESAR O BINOCLE

CARAN-D'ACHE

MILITAIRE

ÉLÈVE CAPORAL

Hors concours, membre du jury, auteur de l'*Essai de règlementation de la jugulaire dans les troupes de toutes armes*, au point de vue des exigences de la tactique moderne dans le but de développer la stratégie des fractions constituées en laissant toutefois l'initiative individuelle de la colonne en marche en temps de guerre.

L'empereur Napoléon Ier, haranguant le 47e de ligne, la veille de la bataille de Marengo : « **Soldats** ». *dit-il, et le colonel ému jusques aux larmes lui répond* « **Oui, sire !** »

5ème Ac... de la Dame aux Camélias

CARTE D'INVITATION DE 1883,

QUI POURRA SERVIR EN 1884, SI ON DONNE UN PUNCH

(On n'en donnera pas).

(Note de M. Jules Lévy).

LERISEL

L'affamé

Il n'a pas déjà si faim
Ou du moins j'en doute,
Il mangerait c'est certain
Son beau cadre en croûte.

Peut-être cet indigent
N'ayant plus d' dents su' l' devant

Aime mieux la mie
   O gué
Aime mieux la mie.

FAIM

PRIX D'ENTRÉE

Dimanche .... 0f.50c.
Semaine .... 1f.
Vendredi (jour réservé) .... 5f. "

Du 15 Octobre au 15 Novembre 1883
de 9h. du matin à 5h. du soir

N.B. Il n'y aura pas de Loterie

ARTS INCOHÉRENTS

SOUVENIR RÉTROSPECTIF DES EXPOSITIONS

1882-1883

INVITATION DU VERNISSAGE, ANNÉE 1882
(Dessin)

INVITATION DU VERNISSAGE, ANNÉE 1883
(Dessin)

FERDINANDUS

CARTE DES EXPOSANTS, ANNÉE 1883

(Dessin)

J. RAINAUD

CARTE DE LA PRESSE, ANNÉE 1883

(Dessin)

LUIGI LOIR

CARTE DU VENDREDI, ANNÉE 1883

(Dessin)

HENRI GRAY

· V'LAN ·

1883 (Tableau

MM. H. et SAINT-EDME LANGLOIS

PORTRAIT DE M. H. DE LAPOMMERAYE, 1883

(Tableau)

RAMOLLOT

1883 (Sculpture)

J. RAINAUD

SAINT ANTOINE ET SON TORCHON, 1883

Tableau

PAUL BILHAUD

LA SAINT PAPA, 1883

(Dessin)

P. LHEUREUX

LA RECHERCHE DE LA PATERNITÉ, 1883

(Tableau)

E. COHL

PORTRAIT GARANTI RESSEMBLANT, 1883

(Dessin)

MESPLÈS

FAUT-Y CIRER LE POUCE, 1883

(Tableau)

IMPRIMERIE ARTISTIQUE
E. BERNARD & Cie
71 rue Lacondamine 71
Photographie,
Phototypie
Photoglyphie
Typographie
Lithographie

CPSIA information can be obtained at www.ICGtesting.com
Printed in the USA
BVOW07s1008150514

353633BV00010B/363/P